高职院校公共基础课能工巧匠系列教材·劳动教育类
高等职业教育新形态一体化教材

大学生劳动教育理论与实践

主编 陈 行

副主编 潘瑞春 李瑞勇

中国教育出版传媒集团

高等教育出版社·北京

内容提要

　　本书是新形态一体化教材，是高职院校构建劳动教育体系、开展劳动教育课程教学的基础性教材。本书依据中共中央、国务院《关于全面加强新时代大中小学劳动教育的意见》和教育部《大中小学劳动教育指导纲要（试行）》等文件精神，结合高职教育人才培养的目标和特点编写而成。

　　本书分为五章，内容包括劳动与劳动教育、劳动素养与劳动能力、劳动精神培育、劳动安全与法规、劳动实践。全书在阐述必要的理论知识的同时，强化劳动意识、培养劳动技能、恪守劳动规则、注重劳动实践，精心设计了牛刀小试、话题探讨、拓展视窗、知行合一、案例品读等栏目，在体现思想性的同时力求凸显适用性和可读性，实现"学思用"贯通、"知信行"统一。

　　本书既可作为高等职业院校劳动教育课程的教材，也可作为社会组织开展劳动培训的参考资料。

图书在版编目（CIP）数据

　　大学生劳动教育理论与实践 / 陈行主编. -- 北京：高等教育出版社，2022.8
　　ISBN 978-7-04-059096-8

　　Ⅰ. ①大… Ⅱ. ①陈… Ⅲ. ①大学生 - 劳动教育 - 教育理论 - 中国　Ⅳ. ①G40-015

　　中国版本图书馆 CIP 数据核字（2022）第 134036 号

大学生劳动教育理论与实践
DAXUESHENG LAODONG JIAOYU LILUN YU SHIJIAN

策划编辑	王蓓爽	责任编辑	王蓓爽　李聪聪	封面设计	李树龙	版式设计	徐艳妮
责任绘图	杨伟露	责任校对	刘娟娟	责任印制	存　怡		

出版发行	高等教育出版社	网　　址	http://www.hep.edu.cn
社　　址	北京市西城区德外大街 4 号		http://www.hep.com.cn
邮政编码	100120	网上订购	http://www.hepmall.com.cn
印　　刷	鸿博昊天科技有限公司		http://www.hepmall.com
开　　本	787mm×1092mm　1/16		http://www.hepmall.cn
印　　张	11		
字　　数	150 千字	版　　次	2022 年 8 月第 1 版
购书热线	010-58581118	印　　次	2022 年 8 月第 1 次印刷
咨询电话	400-810-0598	定　　价	32.80 元

本书如有缺页、倒页、脱页等质量问题，请到所购图书销售部门联系调换
版权所有　侵权必究
物　料　号　59096-00

前言

劳动教育是中国特色社会主义教育制度的重要内容之一，是新时代党对教育的新要求，是大中小学必须开设的教育课程。2018年9月，习近平总书记在全国教育大会上强调，要坚持中国特色社会主义教育发展道路，培养德智体美劳全面发展的社会主义建设者和接班人。2020年3月，中共中央、国务院发布《关于全面加强新时代大中小学劳动教育的意见》（以下简称《意见》），对新时代劳动教育作了顶层设计，构建了符合新时代特征的劳动教育体系。2020年7月，教育部印发《大中小学劳动教育指导纲要（试行）》（以下简称《指导纲要》），对大中小学开展劳动教育进行了系统部署。为贯彻落实习近平总书记关于劳动教育的重要指示，将《意见》和《指导纲要》的要求落到人才培养的实际工作中，我们组织编写了本教材。

劳动教育课程建设是劳动教育的一项基础性工作，劳动教育教材的建设则是课程建设的必要条件和重要环节，是教师开展教学的重要载体，也是学生学习的重要资源。编写组基于以上认识，在编写过程中力图体现如下特色。

贯彻《意见》和《指导纲要》精神，体现思想性 本教材坚持以马克思主义劳动观和习近平总书记关于劳动教育的重要论述为指导，全面落实相关要求，促进学生树立正确的劳动观、世界观、人生观、价值观。

紧扣高职院校人才培养目标和要求，强调适用性 针对高职院校培养高素质技术技能人才的实际需要，本教材在阐述必要的劳动知识的同时，强化劳动意识、培养劳动技能、恪守劳动规则、注重劳动实践，力求实现"学思用"贯通、"知信行"统一。

融入新时代代表性人物的真实案例，凸显可读性　本教材充分考虑高职学生的学习习惯和兴趣特点，每章设计了"名人名言""牛刀小试""话题探讨""拓展视窗""知行合一""案例品读"等栏目，选取了与学生未来职业相关的劳动模范、大国工匠、技术能手等案例进行评析，形式多样，生动活泼，增强了内容的可信度和亲和力。

本教材由陈行担任主编，潘瑞春、李瑞勇担任副主编，张婷、李宏林编写第一章，潘瑞春、李劲峰编写第二章，王炎、李瑞勇编写第三章，方传宝、陈行编写第四章，陈行编写第五章。全书由陈行负责统稿。在编写过程中，洪应、方向红、余搏立、王家祥、郑家房、赵艳等老师给予了大力支持。

在编写过程中，编者参考和借鉴了劳动教育研究方面的文献资料和网络资源，已在书中列出，在此谨向相关作者表示诚挚的感谢。由于编者能力有限，加之时间仓促，书中错误和不足之处在所难免，敬请业内专家和广大师生批评指正。

编者

2022 年 5 月

目录

第一章　劳动与劳动教育　001

第一节　劳动　003
一、劳动的概念　003
二、劳动的特征　006
三、劳动的分类　008
四、劳动的意义　011

第二节　劳动教育　015
一、劳动教育的内涵　015
二、劳动教育的内容　016
三、劳动教育的途径与方法　022
四、劳动教育的意义　026

第二章　劳动素养与劳动能力　033

第一节　劳动素养的内涵及培育　035
一、劳动素养的内涵　035
二、劳动素养的构成　037
三、劳动素养的培育途径　041
四、劳动素养的评价　045

第二节　劳动能力的构成及培育　047
一、劳动能力的构成　047

二、劳动能力的培育　　　　　　　　　　　　　　048

第三章　劳动精神培育　　　　　　　　　　　055

第一节　践行劳动精神　　　　　　　　　　　057
一、崇尚劳动　　　　　　　　　　　　　　059
二、热爱劳动　　　　　　　　　　　　　　060
三、辛勤劳动　　　　　　　　　　　　　　063
四、诚实劳动　　　　　　　　　　　　　　065

第二节　弘扬劳模精神　　　　　　　　　　　068
一、爱岗敬业　　　　　　　　　　　　　　069
二、争创一流　　　　　　　　　　　　　　071
三、艰苦奋斗　　　　　　　　　　　　　　072
四、勇于创新　　　　　　　　　　　　　　073
五、淡泊名利　　　　　　　　　　　　　　075
六、甘于奉献　　　　　　　　　　　　　　076

第三节　传承工匠精神　　　　　　　　　　　078
一、执着专注　　　　　　　　　　　　　　079
二、精益求精　　　　　　　　　　　　　　080
三、一丝不苟　　　　　　　　　　　　　　082
四、追求卓越　　　　　　　　　　　　　　084

第四章　劳动安全与法规　　　　　　　　　089

第一节　劳动安全　　　　　　　　　　　　　091
一、安全与劳动安全　　　　　　　　　　　091
二、劳动安全意识　　　　　　　　　　　　091
三、劳动保护　　　　　　　　　　　　　　095
四、劳动安全事故预防及处理　　　　　　　104

五、安全标志　　109
六、安全色　　113
第二节　劳动法律法规　　116
一、劳动关系的内涵及特征　　116
二、劳动合同　　117
三、劳动纠纷及解决途径　　120
四、劳动与就业　　121

第五章　劳动实践　　125

第一节　日常生活劳动　　127
一、个人生活劳动　　127
二、集体生活劳动　　129
第二节　生产劳动　　137
一、勤工助学　　137
二、专业实训劳动　　140
第三节　服务性劳动　　149
一、志愿服务　　149
二、大学生"三下乡"社会实践活动　　156
三、社会调查　　160

参考文献　　165

第一章 劳动与劳动教育

> 生活即教育，社会即学校。
> ——陶行知

> 我们世界上最美好的东西，都是由劳动、由人的聪明的手创造出来的。
> ——高尔基

学习目标

1. 知识目标：学习并理解劳动和劳动教育的内涵及意义；了解劳动教育的实施路径
2. 能力目标：掌握劳动教育实施过程中的必要技能
3. 素质目标：树立正确的劳动观，增强劳动素养

牛刀小试

请认真阅读下列问题，结合个人实际情况进行作答。

序号	问题	选项
1	你如何看待"在校劳动表现好，回家生活自理差"的现象	□表现不一，需要改正 □学校有要求，必须参与；家里有父母，无须劳动
2	你在什么情况下会做家务	□主动自愿　□父母要求时　□劳动有回报时
3	当家长要求你做家务时，你会如何应对	□欣然接受　□抱怨着完成　□直接拒绝
4	你如何看待体力劳动者	□各类职业是平等的，劳动者都值得被尊重 □体力劳动者很辛苦、不受人尊重 □无所谓，做什么类型的工作都一样
5	你如何看待当前部分网络主播的高收入现象	□属于劳动所得，是正常现象 □收入过高，是不正常现象 □没考虑过，无所谓，与我无关
6	你是否动手尝试过家具组装、小电器修理之类的劳动	□有，平时也喜欢动手制作或者维修一些小器件 □没有，不太懂，东西坏了一般直接送修
7	你如何看待别人浪费粮食的行为	□无所谓，自己也经常浪费 □别人花钱买的，这是他的权利，我无权干涉 □唾弃这种不尊重劳动的可耻行为 □勇敢地走上前，主动提醒他要珍惜粮食
8	你每个月参加劳动实践的时长有多久	□积极参加，每天都能达到 2 小时以上 □偶尔参加学校组织的活动 □不喜欢，基本不参加劳动
9	你如何评判体力劳动和脑力劳动	□体力劳动最基础、最广泛，也更重要 □脑力劳动生产的内容更高级、作用更大 □只要是劳动，都需要付出，不应割裂看待
10	你对劳动知识和技能的掌握程度如何？	□学到一些劳动知识，但缺乏实践 □基本都是需要在他人的带领或引导下完成 □了如指掌，经常参与劳动

第一节　劳　动

> 💬 **话题探讨**
>
> 在生活中，常见的、经常能参与的劳动有哪些？这些劳动对我们的学习和生活有何意义和作用？
>
> 课外链接 1-1

一、劳动的概念

劳动是人类社会最普遍的实践活动。马克思认为，劳动是"人和自然之间的物质变换过程"，是人对客观世界的改造，涵盖"有目的的活动或劳动本身、劳动对象和劳动资料"这三个要素。劳动是将人内在的体力、智力对象化的过程，劳动本身就是人的本质需要，是人生存的目的，是人的自我实现、自我创造、自我升华。

据此，可以把劳动定义为：劳动是指在一定的社会关系中，人类实现人和自然间的物质交换，以满足人类需要的、有目的地创造物质财富和精神财富的社会实践活动。

劳动概念的形成和发展是一个长期探索的过程。英国古典政治经济学创始人威廉·配第提出："劳动是财富之父，土地是财富之母。"[1] 我们能够直观地理解土地的价值，是因为它能够孕育生命，能够提供食物和收入，劳动和土地是生产劳动中不可或缺的要素。现代经济学主要创立者亚当·斯密也指出劳动是财富的源泉，虽然没有提出具体劳动和抽象劳动的概念，但他提出

---

[1] 威廉·配第.赋税论 献给英明人士 货币略论[M].陈冬野，等，译.北京：商务印书馆，1978：66.

一切生产劳动都能创造价值。古典经济学家大卫·李嘉图也认为所有的价值都是从劳动中产生的，他还阐释并区分了直接劳动和间接劳动、个别劳动时间和社会必要劳动时间等概念。德国古典哲学家黑格尔又将劳动的概念从经济学领域上升到哲学范畴，他认为劳动是绝对精神在塑造世界时的一种外化行为，是一种抽象的精神活动，他把劳动作为人的本质。当然，他所阐释的劳动仅限于抽象的精神劳动。由此可见，劳动是人类探索和关注的一个十分重要的话题。

现阶段，我们对劳动的理解是基于马克思和恩格斯关于劳动的论述。恩格斯早在《劳动在从猿到人转变过程中的作用》一文中发表了"劳动创造了人本身"的重要论断。人类社会区别于猿群的特征是什么？答案是劳动。他提到，"政治经济学家说：劳动是一切财富的源泉。其实，劳动和自然界一起才是一切财富的源泉，自然界为劳动提供材料，劳动把材料变为财富。但是劳动还远不止如此。它是整个人类生活的第一个基本条件，而且达到这样的程度，以致我们在某种意义上不得不说：劳动创造了人本身"。

拓展视窗　　劳动在从猿到人转变过程中的作用（节选）

手不仅是劳动的器官，它还是劳动的产物。只是由于劳动，由于和日新月异的动作相适应，由于这样所引起的肌肉、韧带以及在更长时间内引起的骨骼的特别发展遗传下来，而且由于这些遗传下来的灵巧性以越来越新的方式运用于新的越来越复杂的动作，人的手才达到这样高度的完善，在这个基础上它才能仿佛凭着魔力似的产生了拉斐尔的绘画、托尔瓦德森的雕刻以及帕格尼尼的音乐。

……

随着手的发展，随着劳动而开始的人对自然的统治，在每一个新的进展中扩大了人的眼界。他们在自然对象中不断地发现新的、以往所不知道的属性。另一方面，劳动的发展必然促使社会成员更紧密地互相结合起来，因为它使互相帮助和共同协作的场合增多了,并且使每个人都清楚地意识到这种共同协作的好处。一句话,这些正在形成中的人,已经到了彼此间有些什么非说不可的地步了。需要产生了自己的语言器官:猿类不发达的喉头,由于音调的抑扬顿挫的不断加多,缓慢地然而肯定地得到改造,而口部的器官也逐渐学会了发出一个个清晰的音节。

……

首先是劳动,然后是语言和劳动一起,成了两个最主要的推动力,在它们的影响下,猿的脑髓就逐渐地变成人的脑髓,后者和前者虽然十分相似,但是就大小和完善的程度来说,后者远远超过前者。在脑髓进一步发展的同时,它的最密切的工具,即感觉器官,也进一步发展起来了……脑髓和为它服务的感官、愈来愈清楚的意识以及抽象能力和推理能力的发展,又反过来对劳动和语言起作用,为二者的进一步发展提供愈来愈新的推动力。

……

由于手、发音器官和脑髓不仅在每个人身上,而且在社会中共同作用,人才有能力进行愈来愈复杂的活动,提出和达到愈来愈高的目的。劳动本身一代一代地变得更加不同、更加完善和更加多方面。除打猎和畜牧外,又有了农业,农业以后又有了纺纱、织布、冶金、制陶器和航行,同商业和手工业一起,最后出现了艺术和科学,从部落发展成了民族和国家。

总而言之,动物从自然界中获取食物,使自己能够生存;而人则通过对自然界进行改造,从而使其为自己的目的服务。这便是人同其他动物的本质的区别,而造成这一区别的就是劳动。

马克思(图1-1-1)对此给出了解释:劳动最先是在人与自然之间的过程,在这过程中,人由他自己的活动,以引起、以规划和以统制人与自然之间的物质代谢。[1]可以说,劳动是人类区别于其他动物的根本标志。那么,

---

[1] 马克思,恩格斯.马克思恩格斯全集:第23卷[M].中共中央马克思恩格斯列宁斯大林著作编译局,译.北京:人民出版社,1972:201-202.

我们现在有了一个大概的认知，即：劳动概念的产生和变化是随着生产力的发展而形成并逐步深化的。当然，我们也要清楚地认识到劳动的内涵和外延，是会随着人类社会的进步发展而不断丰富和扩展的。

二、劳动的特征

（一）鲜明的目的性

图 1-1-1　卡尔·马克思

劳动是人的一种有意识、有目的行为，正如马克思在《资本论》中所述：蜘蛛的工作与织工的工作相似，在蜂房的建筑上，蜜蜂的本事曾使许多建筑师惭愧。但是最拙劣的建筑师都比最巧妙的蜜蜂更优越，是因为建筑师以蜂蜡建筑蜂房以前，已经在自己的头脑中把它构成了。劳动过程终结时取得的结果，已经在劳动过程开始时存在于劳动者的观念中了。这不仅在其所工作的自然物上引起一种形态的变化，还在自然物上实现了他的目的。他很清楚地知晓他的这种目的，并以此规定和选择他行为的种类和方法，使自己的意志从属于这个目的。

由此可以看出，动物的活动是基于生存的需要，大多由本能驱使的，是一种无意识、无目的的行为。而人的劳动是有意识、有目的的，在具体劳动之前就存在着一定的构思设想，因此劳动具有鲜明的目的性和计划性。

（二）突出的社会性

如恩格斯所说，正是由于手、发音器官和脑髓不仅是在每个个体身上起作用，而且是在整个社会中产生作用，人才有能力进行越来越复杂的活动，提出并达到越来越高的目的。劳动本身也在一代一代地升级，变得更加不同、更加完善、更加多面。

劳动形成于人类适应和改造自然的过程中，在劳动过程中，除了各器官的发展，人与人之间的关系也变得更加紧密。在共同的劳动目的的作用下，人们沟通、协作、互相帮助，并产生分工，渐渐创造出一个能够满足人类生存的物质世界，构建出适合人类发展的社会环境。我们生存的社会环境就是随着人与人之间新的劳动形式的产生而更加完善。

可以说，劳动增强了人的社会性属性，推动了人类社会的形成，而人类社会的发展又促进了劳动形态的发展。

（三）广泛的实践性

与动物的活动相比，人类的劳动是有意识、有目的的实践过程。鱼儿游泳、鸟儿飞翔、蜜蜂采集花蜜（图1-1-2）都只是动物的一种生存的天性和本能，它们的活动范畴始终停留在自然界本身。而人类的劳动需要消耗自身的体力和脑力去制造并使用工具。正如恩格斯所说："劳动是从制造工具开始的。我们所发现的最古老的工具是些什么东西呢？根据所发现的史前时期的人的遗物来判断，根据最早历史时期的人和现在最不开化的野蛮人的生活方式来判断，最古老的工具是些什么东西呢？是打猎的工具和捕鱼的工具，而前者同时又是武器。"马克思也指出："一旦人们自己开始生产他们所必需的生活资料的时候，他们就开始把自己和动物区别开来。"这揭示了作为主体的人与自然的本质关系是实践。人类正是依靠自身积极主动地同自然界进行物质能量的交换来维持自己的生存和发展。可以说，劳动的过程就是人们在适应和改造客观世界中运用

图1-1-2 蜜蜂采蜜

其智力和体力的过程，与此同时，这也在塑造和改善着人们自身。劳动所具备的这种能动的、创造性的特质体现了其广泛的实践性。

三、劳动的分类

从不同的视角来认识劳动，有利于更加全面、客观地理解和把握劳动的内涵和概念。

（一）体力劳动与脑力劳动

体力劳动是指以人体肌肉与骨骼的运动为主，以大脑和其他生理系统的运动为辅的人类劳动，比如搬运货物、清扫垃圾等。脑力劳动是指以大脑神经系统的运动为主，以其他生理系统的运动为辅的人类劳动，比如人的思考、记忆等。

原始社会时期，生产力水平低下，脑力劳动和体力劳动既无分离的必要也无分离的可能。在原始社会向奴隶社会转变的过程中，生产力有了一定的发展但又发展得不够充分，劳动产品有所剩余但又剩余不多，这就使少数人摆脱了体力劳动，专门从事脑力劳动。奴隶制的确立、生产资料私有制的产生和阶级的出现，使脑力劳动和体力劳动的分工由可能变成了现实。在当时，这是历史的进步。强制多数人提供社会生活所必需的物质资料，来保证少数人智力的发展，就成为发展生产力和科学文化的唯一的、可能的途径。

在阶级社会中，脑力劳动和体力劳动的差别体现着阶级的对立关系。在当时，体力劳动的强度非常大，很多人被剥夺了受教育的权利，被迫从事繁重的体力劳动，而大脑却得不到充分的发展。

进入资本主义社会后，脑力劳动和体力劳动的对立更加尖锐。马克思指出这种对立和分离体现在：第一，相比于奴隶社会和封建社会，资本主义的生产方式进一步使"生产过程的智力同体力劳动相分离"；第二，资本家将脑力劳动者的一般智力成果，如管理技术、组织技术等，转化为维护自身统治和压迫以工人为主体的劳动者的工具，将"智力转化为资本支配劳动的权力"；第三，"科学"作为高级的脑力劳动成果，也成为资本家压迫工人的工具，"大工业则把科学作为一种独立的生产能力与劳动分离开来，并迫使科学为资本服务"，这更加剧了脑力劳动和体力劳动的对立。

在社会主义社会，劳动者成为国家的主人，虽然脑力劳动和体力劳动之间仍然存在差异，但已不再体现阶级关系。这种差别对于社会主义社会仍具有客观必然性，社会主义社会的发展为不断缩小这种差别创造着条件。习近平总书记指出："在我们社会主义国家，一切劳动，无论是体力劳动还是脑力劳动，都值得尊重和鼓励；一切创造，无论是个人创造还是集体创造，也都值得尊重和鼓励。"[①]（图 1-1-3）但消灭脑力劳动和体力劳动之间的差别是一个长期的过程，其根本途径是高度发展社会生产力、高度发展和普及科学文化教育。随着共产主义社会的到来，繁重的体力劳动和重复的脑力劳动将由机器承担，人类就进入了体力和脑力发展的新时期，脑力劳动和体力劳动在生产力水平更高、生产关系更先进的共产主义社会里将实现更高层次的统一。

图 1-1-3 建筑工人在劳动

（二）具体劳动和抽象劳动

马克思提出："从一方面看，一切劳动，就生理学的意味说，都是人类劳动力的支出。它，当作同一的或抽象的人类劳动，便形成商品价值。从他

---

① 习近平. 在庆祝"五一"国际劳动节暨表彰全国劳动模范和先进工作者大会上的讲话[N]. 人民日报，2015-04-29.

第一节 劳动

方面看，一切劳动，都是人类劳动力在特殊的合目的的形态上的支出。它，当作具体的有用的劳动，便生产使用价值。"[1] 也就是说劳动具有双重性，即具体的劳动和抽象的劳动。具体劳动是指生产具有一定使用价值的、具有特定性质、目的和形式的劳动，它反映的是人与自然之间的关系。具体劳动是劳动的自然属性，创造商品的使用价值。抽象劳动是指撇开一切具体形式的、无差别的一般人类劳动，它反映的是商品生产者之间的生产关系。抽象劳动是劳动的社会属性，创造商品的价值。

具体劳动和抽象劳动是对立统一的。一方面，具体劳动和抽象劳动在时间和空间上是统一的，是同一劳动过程的两个方面，并不是两种独立存在的劳动或两次劳动；另一方面，具体劳动是从生产商品的劳动的具体形式来考察的，抽象劳动是撇开劳动的具体形式来考察的。抽象劳动是无差别的一般人类劳动，体现了商品的价值；而具体劳动只能体现商品的使用价值。例如，毛巾和香皂的价格同样是8元，价值是相同的，但是使用价值却完全不同。

（三）必要劳动和剩余劳动

我们在学习经济常识的时候都知道，工人的劳动时间分为必要劳动时间和剩余劳动时间。必要劳动指的是在必要劳动时间内进行的劳动，这是劳动者为维持本人及其家庭生活所必需耗费的劳动。剩余劳动指的是在剩余劳动时间内进行的劳动，即劳动者所进行的超出必要劳动的那一部分的劳动。剩余劳动所产生的剩余价值被资本家榨取。马克思的科学劳动价值论和剩余价值理论明确了资本主义制度下必要劳动与剩余劳动的对立关系，进而揭露了资本主义工资的本质和剥削的秘密。

在剥削阶级占统治地位的社会里，必要劳动具有双重含义：对于劳动者

---

[1] 马克思.《资本论》：第1卷［M］.郭大力，王亚南，译.上海：上海三联书店，2021：10.

来说，它是必要的，因为它给劳动者创造维持生存的物质条件；对于剥削者来说，它也是必要的，因为它维持劳动力的再生产，为剥削者不断提供剥削的对象。而剩余劳动的出现是社会生产力发展的必然结果，同时，它又是整个社会进一步发展的基础，还为剥削阶级的产生和存在提供了经济前提。但是在生产资料公有制的社会主义制度下，剩余劳动的劳动成果用于社会的整体需要，不再体现为剥削与被剥削的关系。

四、劳动的意义

（一）劳动改造世界

劳动是人通过认识和把握规律来改造世界的活动。第一，劳动改造客观世界。恩格斯指出人类要实现从必然王国到自由王国的飞跃，不仅需要在劳动中认识自然规律和社会规律，还要自觉地在规律的指导下变革生产方式，最终实现共产主义。劳动始终伴随着人类的诞生、发展和社会的进步，人们在劳动中创造了丰富的物质财富和精神财富，极大地改变了我们所赖以生存的客观世界。第二，劳动改造主观世界。"劳动的对象是人类生活的对象化"，人在劳动中观照自己、认识自己、确证自己、发展自己。劳动是一种创造性的实践活动，具有教人求真、至善和臻美的作用。在劳动过程中，人得到教育，变得更加全面、丰富和多彩[①]。劳动让人开始朝着更加智慧、更加自由、更加全面的方向发展，主观世界也更加丰富多样。

主客观世界的改造，最直接的体现就是社会的发展和文明的进步。社会发展的基础是物质生产的发展水平，这取决于人们的劳动方式，即战胜自然、获取生活资料的方式。人类学家摩尔根在《古代社会》一书中提出了社

---

① 孙亮洁.论劳动如何促进人的自由而全面发展——基于马克思主义经典著作视角[J].新经济，2021：27.

会进化的理论，他把人类社会由低级到高级、由不完善到比较完善的发展过程划分为三个时代，即蒙昧时代、野蛮时代、文明时代。恩格斯肯定了这种划分方法，并做了进一步阐述：蒙昧时代是以采集现成的天然产物为主的时期；野蛮时代是学会经营畜牧业和农业的时期；文明时代是学会对天然产物进行进一步加工的时期，也是真正的工业和艺术产生的时期[1]。正如马克思所说："手推磨产生的是封建主为首的社会，蒸汽磨产生的是工业资本家为首的社会。"[2] 可见，人类正是通过劳动促进了自己的发展，推动了社会变革，最终实现了对主客观世界的改造。

（二）劳动实现价值

劳动是推动人类社会进步的根本力量，也是实现价值的前提和基础。马克思在其劳动价值论中强调劳动在价值创造过程中的决定性作用，并提出"活劳动"和"物化劳动"两个概念。活劳动是指在劳动过程中，劳动者在体力和脑力上的消耗，是正在进行着的劳动，是价值创造的源泉；物化劳动则是劳动过程的结果，即凝结在产品中的人的劳动，是活劳动的对称。因此，劳动突出了人的主体性，体现了人的本质，实现了物的价值和人的价值。

2016年五一劳动节前夕，习近平总书记在知识分子、劳动模范、青年代表座谈会上讲话时指出，"梦想属于每一个人，广大劳动群众要敢想敢干、敢于追梦。说到底，实现中华民族伟大复兴的中国梦，要靠各行各业人们的辛勤劳动。现在，党和国家事业空间很大，只要有志气有闯劲，普通劳动者也可以在宽广舞台上展示自己的人生价值"[3]。他还强调"人民创造历史，劳

---

[1] 马克思，恩格斯．马克思恩格斯全集：第4卷［M］．中共中央马克思恩格斯列宁斯大林著作编译局译．北京：人民出版社，1972：23．
[2] 马克思，恩格斯．马克思恩格斯全集：第1卷［M］．中共中央马克思恩格斯列宁斯大林著作编译局译．北京：人民出版社，1995：108．
[3] 习近平．在知识分子、劳动模范、青年代表座谈会上的讲话［N］．人民日报，2016-04-30．

动开创未来"[1]。这一论述也充分肯定了马克思主义劳动观中"劳动实现价值"的论断，指出人只有在劳动中才能自由地彰显和发挥自己的智力和体力、意志和情感，创造和实现自己的价值。

(三) 劳动促进人的发展

恩格斯提出，在劳动中，人形成和塑造了双手、语言，猿脑在语言和劳动的影响下逐渐过渡到人脑（图 1-1-4）。劳动和自然界的结合才是一切财富的源泉，自然界为劳动提供物质资料，劳动把物质资料变为财富。但是劳动的意义远不止如此，它还增进了人对客观规律的认识和把握的能力，恩格斯在《自然辩证法》中指出："随着自然规律知识的迅速增加，人对自然界起反作用的手段也增加了。"[2] 这说明人在劳动的过程中思维得到了发展，同时反作用于自然，实现了从适应自然到改造自然的跨越。

劳动还为消除旧的分工提供条件，推动人们走向联合，逐步塑造一个自由人的联合体，而"只有在共同体中，个人才能获得全面发展其才能的手段"[3]。具体而言，劳动除了促进人的生理结构的自由发展和完善以外，还间接促进了思想道德素质的提升、科学文化知识的丰富、社会关系的调和完善、物质文明和精神文明的协同共建等。可以说，劳动是人的自由而全面发展的驱动力，也是自由而全面发展的目的和意义。

图 1-1-4 从猿到人的演变

---

[1] 习近平.在同全国劳动模范代表座谈时的讲话[N].人民日报，2013-04-29.
[2] 中共中央编译局.马克思恩格斯文集[M].北京：人民出版社，2009.
[3] 中共中央编译局.马克思恩格斯文集[M].北京：人民出版社，2009.

知行合一

采访普通劳动者

选择我们身边的一名普通劳动者作为采访对象，如工人、农民、教师、保洁员、厨师、快递员、保安等，就劳动的感受、劳动的意义等方面与其进行交流，写一篇采访报告，讲述普通劳动者的故事，一起探讨劳动的价值。

第二节　劳动教育

话题探讨

有人说要"干一行、爱一行、钻一行",还有人说"技多不压身,艺多不害人"。对此,你怎么看?

课外链接 1-2

2020年3月,中共中央、国务院发布《关于全面加强新时代大中小学劳动教育的意见》(以下简称《意见》),明确指出劳动教育是中国特色社会主义教育制度的重要内容,直接决定社会主义建设者和接班人的劳动精神面貌、劳动价值取向和劳动技能水平。

党的十八大以来,习近平总书记多次论述"幸福不会从天而降""新时代是奋斗者的时代""奋斗本身就是一种幸福"等重要观点,强调了劳动是幸福的源泉。劳动教育启蒙于家庭,强化于学校,泛在于社会。劳动教育是思想政治教育的重要内容,旨在引导广大青年学生在人生道路上,以劳动实践为主要途径,掌握适应自然、改造世界的技能,并在改造世界的同时塑造自己,提高自身修养,实现人的全面发展,创造更美好的生活。

一、劳动教育的内涵

《意见》对劳动教育的基本内涵的解释是:劳动教育是国民教育体系的重要内容,是学生成长的必要途径,具有树德、增智、强体、育美的综合育人价值。实施劳动教育重点是在系统地学习文化知识之外,有目的、有计划地组织学生参加日常生活劳动、生产劳动和服务性劳动，让学生动手实践、出力流汗，接受锻炼、磨炼意志，培养学生正确的劳动价值观和良好的劳动品质。因此，我们要将劳动教育与智育相区别，防止用文化课的学习取代劳动教育。

劳动教育的目标是促进人的全面发展。新时代加强劳动教育必须强调以习近平新时代中国特色社会主义思想为指导，落实立德树人根本任务，把劳动教育纳入人才培养全过程，贯通大中小学各学段，贯穿家庭、学校、社会各方面，与德育、智育、体育、美育相结合，把握育人导向，遵循教育规律，创新体制机制，注重教育实效，实现知行合一，促进学生形成正确的劳动观、世界观、人生观、价值观。

高校劳动教育是高等教育人才培养体系的重要组成部分，是对大学生进行系统的劳动思想教育、劳动技能培育和劳动实践锻炼，也是全面提高大学生劳动素养的过程，其目的是引导新时代大学生在劳动创造中追求幸福感、获得创新灵感，培养具有社会责任感、创新精神和实践能力的高级专门人才[①]。新时代的劳动教育需要通过系统的教育和引导，进一步提升大学生的劳动品格，促进其全面发展。高职教育注重学生的技能提升，技术应用是人才培养的基本导向，其中体现了身心参与、动手实践、手脑并用等劳动教育的理念。所以，高职院校劳动教育的内涵主要是通过高职教育人才培养体系体现出来的，具体是以培养高素质技术技能人才为主要目标的教育活动。

二、劳动教育的内容

（一）树立劳动观念

2020 年，我国全面建成小康社会。国家强大起来了，人民的生活也富

---

① 曲霞，刘向兵. 新时代高校劳动教育的内涵辨析与体系建构［J］. 中国高教研究，2019（2）.

裕起来了。但是有一些家长祖辈经历了劳作之苦，特别想让下一代尤其是孙辈少吃苦，他们会错误地认为劳动等于贫苦，生活富裕了就不能让孩子再吃苦，不能让孩子接触农作劳动，在生活中更是百般疼爱，以致于很多孩子形成了"饭来张口，衣来伸手"的不良习惯。实际上，这在不知不觉中剥夺了孩子的探究权，孩子们失去了感知劳动的机会，久而久之，劳动就成了孩子不会、不想、也不愿意干的事情。人们对劳动的认识和实践都直接地受到劳动价值观的影响，只有在正确的劳动观和劳动情感的引导下，人们才会处理好在劳动实践中遇到的各种困难，做出正确的劳动行为。所以，在新的时代背景下，针对大学生开展劳动价值观的教育十分有必要。首先，大学生要树立"劳动最光荣、劳动最崇高、劳动最伟大、劳动最美丽"的价值取向，培养"热爱劳动、尊重劳动、珍惜劳动成果"的态度和情感。其次，要结合实际情况树立明确的劳动目标，这个目标要具体、可行，才能避免出现眼高手低、好高骛远的情况。最后，要坚定"劳动创造价值"的信念，无论从事何种职业，只要热爱自己的工作、艰苦奋斗、持之以恒、精益求精，一定能有所收获。

干一行、爱一行，是一种优秀的品质，也是一种智慧的人生路径和追求。我们的幸福生活离不开父母的劳动付出，更离不开工人、农民、警察、教师等各行各业劳动者的辛勤奉献。在新冠肺炎疫情防控期间，为了减少病毒传播，全国各族人民在党中央的坚强领导下，响应政府号召居家隔离，但是很多人都在负重前行，有医护人员、建筑工人、向疫区运送物资的货车司机、快递员、外卖员、社区工作者等。他们的劳动在特殊的时间、特殊的地点、特殊的环境下体现了崇高的价值观和大无畏的精神，这值得我们每一个人尊重和学习。

（二）增强劳动素养

劳动素养是指在劳动实践过程中形成的认知、分析、判断、创造和生产的能力，包括劳动知识、劳动技能、劳动价值观、劳动伦理等多维度的价值判断、规范及行动指南[1]。这是劳动者在实践过程中形成的心态和技能的综合概括，也是衡量劳动者在社会生活中能否顺利完成基本工作要求的重要标准。

对于高职院校的学生来说，劳动素养既包括积极向上的劳动心态、正确健康的劳动价值观，也包括基本的劳动知识体系与劳动技能[2]。要在老师的指导和帮助下充分利用好高职院校特有的优势，以增强自身的劳动素养。首先，要尽快适应和融入院校的人才培养模式和课程教学形式，学习和掌握劳动教育相关的理论，加强知识储备，树立正确的劳动价值观，将理论课程的学习和实训课程的操练相结合，做到融会贯通。其次，要充分利用好高职院校"双师型"教师队伍的资源优势，向"双师型"教师学习与专业相对应的理论知识、实践能力和职业素质，为职业发展和人生路径的选择奠定基础。最后，要积极参加在产教融合、校企合作背景下的各项实习实训活动，充分利用好校内外各类实习实训基地等教学资源，还要积极参加学校组织的勤工俭学、志愿服务和其他公益性活动，用实践行动来巩固和检验所学的理论知识，从劳动中汲取养分，增强劳动素养，提升综合素质。

（三）历练劳动技能

职业教育培养的是德才兼备的高素质技术技能人才。在当前的教育环境下，很多课程的设置偏重理论学习，对于培养学生的劳动实践能力认识不足、重视不够，这不利于社会发展对人才培养的需求。新时代劳动教育要促进学生将理论知识和实践活动紧密结合，能够真正做到学以致用，掌握更多的劳动技能和实践技巧。对于学生来说，培养劳动技能的途径有很多。在日

---

[1] 刘向兵. 新时代高校劳动教育论纲[M]. 北京：社会科学出版社，2019：47.
[2] 周娟. 高职思政课培育学生劳动素养的思考[J]. 高教与成才研究，2021（29）：6.

常生活中，可以积极参与家庭劳动、校园劳动，提高自理能力。在校园里，可以通过专业的教学实训（图1-2-1）、实验活动等形式加以培养。同时还可以积极参加校外实习，在真实的生产过程中提升自己的操作技能。

图1-2-1　学生参加专业实训场景

（四）弘扬劳动精神

2018年9月，习近平总书记在全国教育大会上强调："要在学生中弘扬劳动精神，教育引导学生崇尚劳动、尊重劳动，懂得劳动最光荣、劳动最崇高、劳动最伟大、劳动最美丽的道理，长大后能够辛勤劳动、诚实劳动、创造性劳动。"

中华民族是勤于劳动、善于创造的民族，自古就有着热爱劳动的优良传统，新时代的大学生要自觉担负起时代的责任和使命，弘扬并践行劳模精神、劳动精神、工匠精神，勤于创造、勇于奋斗，要从我做起、从小事做起、从身边事做起，引领勤劳奋进的社会主义劳动新风尚，发挥主人翁精神，积极投身于全面建设社会主义现代化国家、实现中华民族伟大复兴的事业中。劳动精神的继承和弘扬，将激励着一代代青年继续奋斗、勇往直前，在劳动中创造价值、实现理想。

拓展视窗

国际劳动节

国际劳动节又称"五一国际劳动节"，是世界上80多个国家的全国性节日，也是全世界劳动人民共同的节日，一般会举行相应的庆祝活动。

1889年7月，由恩格斯领导的第二国际在巴黎举行代表大会。会议通过决议，规定

1890年5月1日国际劳动者举行游行,并决定将5月1日这一天定为国际劳动节,这一决定立即得到世界各国工人的积极响应。中华人民共和国成立后,中央人民政府政务院于1949年12月做出决定,将5月1日确定为法定的劳动节。

(五)恪守职业道德

德国教育家赫尔巴特指出:"道德普遍地被认为是人类最高目的,因此也是教育的最高目的。"道德也是劳动教育的出发点和最高目的,恪守职业道德是劳动教育的一项重要内容(图1-2-2)。职业道德的概念有广义和狭义之分。中共中央印发的《公民道德建设实施纲要》中明确规定:"职业道德是所有从业人员在职业活动中应该遵循的行为准则,涵盖了从业人员与服务对象、职业与职工、职业与职业之间的关系。随着现代社会分工的发展和专业化程度的增强,市场竞争日趋激烈,整个社会对从业人员职业观念、职业态度、职业技能、职业纪律和职业作风的要求越来越高。要大力倡导以爱岗敬业、诚实守信、办事公道、服务群众、奉献社会为主要内容的职业道德,鼓励人们在工作中做一个好建设者。"这是广义的职业道德。而狭义的职业道德是指在一定职业活动中应遵循的、体现一定职业特征的、调整一定职业关系的职业行为准则和规范。不同的职业人员在特定的职业活动中形成了特殊的职业关系,包括职业主体与职业服务对象之间的关系、职业团体之间的关系、同一职业团体内部人与人之间的关系,以及职业劳动者、职业团体与国家之间的关系。

学校教育教学是为了帮助学生坚定理想信念、学习文化知识、掌握专业技能,顺利地走向社会岗位、走向职业化的道路,充分

图1-2-2 汉字"德"的演变

实现个人价值和社会价值。在走出校园、步入社会、走向岗位之前，学生要培养并恪守职业道德，做到爱岗敬业、诚实守信、办事公道、服务群众、奉献社会；在职业路上，在人生路上，更要自觉恪守职业道德，做到老老实实做人，踏踏实实干事。

（六）维护劳动权益

《中华人民共和国劳动法》第三条规定：劳动者享有平等就业和选择职业的权利、取得劳动报酬的权利、休息休假的权利、获得劳动安全卫生保护的权利、接受职业技能培训的权利、享受社会保险和福利的权利、提请劳动争议处理的权利以及法律规定的其他劳动权利。

在校期间，学生应积极参与各类劳动实践，例如实验实训、志愿服务、顶岗实习等。在劳动实践的过程中，必须了解和掌握基本法律法规和劳动权益，并学会正确使用法律来保障自身的合法劳动权益（图1-2-3）。以顶岗实习为例，顶岗实习是高职院校教学活动的重要组成部分，也是学生参与劳动的主要表现形式。顶岗实习期间，实习生兼具在校学生和劳动者的双重身份，更需要了解和运用相关法律法规来保障自身的劳动权益。具体来说，要加强对《中华人民共和国劳动法》《中华人民共和国民法典》、顶岗实习相关管理制度、岗前安全教育等知识的学习，谨慎选择实习单位和就业平台，一般而言，可以通过官方或学校组织的专场招聘会和双选会等方式进行择业，具备校企合作条件的实习单位保障性会更高。确认实习意向后，在上岗前还需要仔细检查、阅读、签订实习协议并做好留存，可据此处理争议。

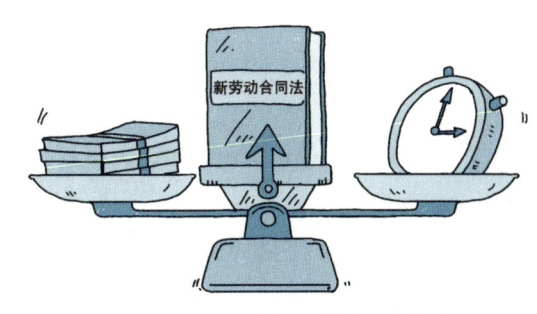

图1-2-3 劳动者权利受法律保护

拓展视窗

习近平：在全国劳动模范和先进工作者表彰大会上的讲话（节选）

切实实现好、维护好、发展好劳动者合法权益。让人民群众过上更加幸福的好日子是我们党始终不渝的奋斗目标，实现共同富裕是中国共产党领导和我国社会主义制度的本质要求。要坚持以人民为中心的发展思想，维护好工人阶级和广大劳动群众合法权益，解决好就业、教育、社保、医疗、住房、养老、食品安全、生产安全、生态环境、社会治安等问题，不断提升工人阶级和广大劳动群众的获得感、幸福感、安全感。要把稳就业工作摆在更加突出的位置，不断提高劳动者收入水平，构建多层次社会保障体系，改善劳动安全卫生条件，使广大劳动者共建共享改革发展成果，以更有效的举措不断推进共同富裕。要适应新技术新业态新模式的迅猛发展，采取多种手段，维护好快递员、网约工、货车司机等就业群体的合法权益。要建立健全困难群众帮扶工作机制，把党和政府的关怀送到困难群众心坎上，让他们感受到社会主义大家庭的温暖。要坚持从群众多样化需求出发开展工作，打通服务群众的新途径，使服务更直接、更深入、更贴近工人阶级和广大劳动群众，以服务群众实效打动人心、温暖人心、影响人心、赢得人心。要健全党政主导的维权服务机制，完善政府、工会、企业共同参与的协商协调机制，健全劳动法律法规体系，为维护工人阶级和广大劳动群众合法权益提供法律和制度保障。要健全以职工代表大会为基本形式的企事业单位民主管理制度，推进厂务公开，充分发挥广大职工群众的积极性、主动性、创造性。

三、劳动教育的途径与方法

在我国教育现代化的进程中，始终强调利用家庭、学校和社会三个平台共同促进教育的发展。同样，劳动教育也需要家庭、学校和社会协调配合发挥作用。

（一）家庭劳动教育

家庭教育是教育的基础，家庭是实施劳动教育的重要场所。随着社会的发展，家庭财富不断积累，人们的生活条件逐步改善，家长常会望子成龙、望女成凤，唯恐子女受到委屈和伤害，除了学习之外，什么家务都舍不得让孩子参与。哈佛大学一项研究表明，爱做家务的孩子跟不爱做家务的孩子相比，就业率比高达15∶1，爱做家务的孩子长大后收入比不爱做家务的孩子高20%，婚姻生活也更加幸福（图1-2-4）。中国教育科学研究院对全国2万个小学生家庭进行的调查也表明，做家务的孩子比不做家务的孩子成绩优秀的比例高了27倍。由此可见，家庭是劳动教育鲜活的课堂。父母对于劳动的看法、态度，以及家庭环境等因素都会潜移默化地影响着孩子。因此，要充分发挥家庭的重要作用，家长通过言传身教，可以在孩子心中种下热爱劳动的种子，从小培养其良好的劳动习惯。

大学生正值青春年华，世界观、人生观、价值观都在逐步建立的过程中，有智力、体力和能力做支撑，更应该主动承担起家庭劳动的责任。用实际行动自觉地参与家庭劳动，在减轻父母压力的同时，学会珍惜劳动成果，掌握生活技能，用实际行动证明自己的成长，展现青春力量，真正实现个人的全面发展。

图 1-2-4　做家务

（二）学校劳动教育

学校在人的身心成长过程中具有重要的引领和主导作用。学校的根本任务是立德树人，肩负着劳动教育的重要责任。学校应开齐开足劳动教育课程，统筹安排课内外的劳动实践时间；结合学段特点和所在地区实际，规划好劳动教育课程的内容，注重学习马克思主义劳动观及有关劳动技能；组织实施好劳动周，有序安排学生的集体劳动；加强对劳动教育的研究，不断改进劳动教育的方法和组织形式，注重激发学生的内在需要和动力，提高教育效果。

高职院校一般从以下三个方面开展劳动教育：

独立开设劳动教育必修课。学校要遵循时代的发展要求，构建劳动教育课程体系，将劳动教育列入必修课程并单独开设，制定劳动教育的教学目标和教学计划，明确教学标准和实践教学的比重，深化劳动教育价值引领，培养德智体美劳全面发展的社会主义建设者和接班人。

劳动教育与思政教育相结合。劳动教育与思政教育的目标、内容等都具有密切的关联。思政教育包括思想政治理论课教学与日常思想政治教育，思政教育有利于加强劳动教育这一目标的价值引领和精神塑造，有利于激发劳动热情、端正劳动态度，也有利于在实践中不断深化对劳动的正确认识，促进良好的职业道德的形成和良好的劳动习惯的养成。劳动教育也给了思政教育一个实践体验的舞台，中国人民正是在中国共产党的领导下，用勤劳的双手自力更生、发愤图强、解放思想、创新思维、锐意进取，取得了革命、建设、改革的伟大成就，实现了国家富强、民族团结、社会和谐。因此，要引导大学生把爱党、爱国、敬业、诚信、友善的情怀和品质在具体的劳动过程中贯彻践行，真正做到知行合一。劳动教育与思政教育的结合有助于深化思想认识，感悟劳动意义。

劳动教育与专业课程教学相结合。脱离劳动，没有劳动，就没有也不可能有教育。长期以来，人们总是认为劳动教育就是某项具体的活动，比如让学生打扫校园、到食堂帮厨等。实际上，学习的过程本身也是一种劳动，即脑力劳动。现代的劳动教育从学生静静地坐在课桌前阅读书籍时就已经开始了，课桌本身就像是一种复杂的工具和机床，让学生意识到懒惰和游手好闲是可悲的。职业教育的目标是培养面向生产一线、从事专业劳动和专业生产的高素质技术技能人才，劳动教育要与实践和专业相结合。到实训室或者到专业对口的公司企业直接参与生产经营，将所学的理论与实践相结合（图1-2-5），完成一定的生产任务，这是一种体验式的劳动，能实现职业技能与企业生产的良好对接。

图 1-2-5　学生设计的服饰登上校园时装秀场

（三）社会劳动教育

劳动教育涉及社会的方方面面，因此也需要社会各界的参与。《意见》对社会各方如何加强劳动教育提出了明确要求：一是企业公司、工厂农场等单位或场所要履行社会责任，开放实践场所，特别是鼓励高新企业为学生体验现代科技条件下劳动实践的新形态、新方式提供支持；二是工会、共青团、妇联等组织及公益基金会、社会福利组织要动员相关力量，搭建多样化的劳动实践平台，引导学生参加公益劳动、志愿服务；三是宣传部门要鼓励和支持创作更多以歌颂普通劳动者为主题的优秀作品，广泛宣传辛勤劳动、诚实劳动和创造性劳动的典型人物和事迹。《意见》强调要"注重挖掘在抗疫救灾等重大事件中涌现出来的典型人物和事迹，大力宣传不畏艰难、百折不挠、敢于担当的高尚品格"。宣传推广劳动教育的典型经验，营造良好的舆论氛围，特别要旗帜鲜明地反对一切不劳而获、贪图享乐、崇尚暴富的错误观念。

高校应发挥教育主体的作用，结合大学生的实际情况，创新劳动教育的实践模式和路径，加强与各级政府、研究机构、企事业单位和街道社区的联系，积极共建校外劳动实践育人基地，组织学生积极参与劳动实践，让学生走出校园、走进社区、走进乡镇、走进工厂、走进军营。如"三下乡"活动、社区服务等都属于社会劳动教育的范畴。

> **知行合一**
>
> 参加实践活动
> 分享劳动感悟
>
> 以班级或小组为单位,开展一次以"我劳动我光荣"为主题的实践活动,或寝室美化,或校园保洁,或植树植草,或秩序维护,或敬老爱幼等,通过微视频等形式记录劳动过程,分享劳动感悟。

四、劳动教育的意义

新时代加强劳动教育是促进学生全面发展的需要。教育同生产劳动相结合,是提高社会生产力的方法,是改造社会的手段,是造就人全面发展的途径。劳动教育与德育、智育、体育、美育相互融通、相辅相成,对促进学生的全面发展具有重要意义。

(一)劳动树德

高校的根本任务是立德树人。以劳树德,就是要真正崇尚劳动、热爱劳动,并通过诚实劳动、创造性劳动在服务他人、贡献社会的过程中实现自我价值。劳动教育有助于引导学生学会以劳动者的眼光来认识自我与社会的关系,逐渐理解并形成马克思主义劳动观,自觉继承并弘扬中华民族勤俭、奋斗、创新、奉献的精神,树立"以天下为己任"的社会责任感和爱岗敬业的职业精神。

在劳动教育中还要明确"为谁劳动"的问题。过去的劳动教育,片面地关注劳动后输出的产品的价值,将劳动局限于生产劳动,而忽视了服务性劳动和日常生活劳动。新时代的劳动教育要着重培养大学生实干兴邦的家国情怀，明确为社会主义现代化建设而努力这一奋斗目标。注重培育大学生的公共服务意识，引导其将个人命运与国家的命运、民族的命运紧密地结合起来。

2020年新冠肺炎疫情防控期间，武汉快递小哥汪勇坚持在深夜义务接送金银潭医院抗疫一线医护人员的事迹感动了无数人。在接受媒体采访时，他却谦称自己只是"组局者"。随着支援武汉的医疗队逐渐增多，他意识到个人力量有限，便通过朋友圈发布消息招募志愿者，并联系网约车平台，合力解决医护人员的出行问题。当他发现医护人员吃饭不便时，他又马不停蹄地继续"组局"，寻找合适的餐厅和便利店，为前来支援的医护人员提供用餐，解决"吃饭难"的问题。正是因为有汪勇这样的英雄劳动者们的辛勤付出，疫情防控阻击战的胜利才有了坚实的保障；也正是因为有汪勇这样的英雄劳动者们始终与人民群众站在一起，将浓厚的家国情怀付诸劳动实践，坚持人民至上、为民服务，我们才能够一步一步地朝着更加美好的生活迈进（图1-2-6）。

图 1-2-6 疫情下工作的快递小哥

（二）劳动增智

劳动是学习知识的基本途径。马克思主义认识论认为，认识是主体在实践基础上对客体的能动的反映，是以客观事物为原型的主动选择和观念再造。这就是说人的认识是从实践中获得的，实践是检验真理的唯一标准。所以说，人们从劳动中获得知识，劳动促进人的发展，人的知识的开拓和智力的发育又在劳动中得到检验和巩固。

知识可以分为直接习得的知识和通过他人经验习得的知识。在智力的发展过程中，教育部门、家庭和社会往往倾向于学习他人的经验来提高学习者的智力水平，充分体现了"站在巨人的肩膀上看世界"的道理。实际上，在知识学习的过程中，最基本的知识是个体直接习得的，如出生不久的婴儿对感觉器官的认知；幼儿对身边的人、事与物的认知，以及在此基础上发展到对与身边人、事与物相关的人、事与物的认知；少年的知识学习从待人接物开始，再到学校的知识学习；青年的知识学习应该在少年知识学习的基础上，对知识进行升华，从而实现智力的更高的发展[1]。

以劳增智，是指劳动教育可以让学生充分关注劳动实践中的科学知识，将动手活动和动脑思考有机结合，使其善于运用科学领域中的研究方法和认识成果进行创造性劳动，不断激发学生用科学的眼光认识世界和改造世界，提高其科学思考和动手实验的实践能力，进而使其牢固树立科学的劳动观和世界观。我们要正确认识劳动的价值，要在劳动实践中探索知识、丰富学问、增长智慧。

（三）劳动强体

劳动可以帮助我们增强身心素质，拥有一个健康的体魄。广大青少年身心健康、体魄强健、意志坚强、充满活力，是一个民族生命力旺盛的体现，是社会文明进步的标志。劳动教育就是提高学生身体素质的有效途径之一。相对于健身，劳动更多的是全身肌肉的调动，讲究整体性和技巧性。

近年来，大学生的体质状况呈逐年下降的趋势。体重指数超标、运动能力下降、近视率上升等问题一直存在，主要是由于教育理念的落后、体育意识的薄弱、饮食观念及饮食环境的非健康化等。各种劳动实践证明，劳则不衰，动则延年。劳动作为体育教育的一种生活化形态，对于大学生体育意

---

[1] 陈国维.大学生劳动教育[M].高等教育出版社.2020.

识的培养和个人体魄的增强有着重要的促进作用。以劳强体，就是通过系统、持续的劳动锻炼，使身体加速新陈代谢，促进良好发育，还可以强化神经系统的连接功能，提高睡眠质量，增强脑细胞的营养，有效预防和抵御一般病患的侵袭，最终拥有强健的体魄，为身心的和谐发展奠定坚实、持久的基础。

在校园生活中，我们要积极参与学校、班级等组织的形式多样的劳动实践活动，既能在劳动过程中动手动脑、活动筋骨，又能在劳动过程中加强交流沟通，建立良好的人际关系，实现身心愉悦（图1-2-7）。在家庭生活中，我们要积极主动地帮助家人进行家务劳动，如整理家务、烹饪、管理家庭事务等，既为家庭分担压力，又能营造一个和睦幸福的家庭氛围。在社会生活中，我们要争当志愿者、积极参与公益活动，在社会和他人需要帮助的时候奉献出自己的爱心和力量，既锻炼了体魄，实现了自我价值，也有助于营造良好的社会风尚，展现了新时代青年的风采。

图1-2-7　大学生参加专业技能训练

（四）劳动育美

美育是通过培养人们认识美、体验美、感受美、欣赏美和创造美的能力，从而使我们具有美的理想、美的情操、美的品格和美的素养。高尔基曾指出：世界上最美好的东西，都是由劳动、由人的聪明的手创造出来的。劳动使人形成健康的审美观。病态化的审美情趣来自病态化的身体和病态化的思维。长期不劳而获的人，会因其体力与智力的衰退而导致审美的变形。

审美认识和审美活动依赖于人类的社会生活，而劳动是认识美的基本方式。苏霍姆林斯基认为，一个人进行积极活动的精力和可能性越大，他对美的态度在形成其道德面貌方面所起的作用也就越加显得重要。艰苦奋斗、无私奉献、团结进取、开拓创新,都是劳动中形成的美。劳动育美,是指在劳动实践的过程中,充分挖掘劳动中美的因素,激发审美需要,用审美的眼光去观察、感受、认识和理解劳动,用美的标准和要求去开展和评价劳动,在劳动实践中陶冶、涵养自身的审美情操,发现劳动者精神中的高尚、智慧和趣味,以此为基础不断提升自己对劳动的审美欣赏能力,加深对劳动的美感体验,以及对劳动创造美的理解。

（五）劳动创新

创新是人的一种创造性的实践行为,也只有在实践过程中才能实现真正意义上的创新。而劳动天然地提供了这样的土壤和环境,人的每一种创新创造都是在劳动实践的过程中生成的。创新是引领发展的第一动力,能够为社会发展带来新的活力,也是美好生活的助推器。在中国共产党人的精神谱系中,改革创新精神、载人航天精神等具有创新意义的时代精神都是中国人民在各行各业的劳动实践中总结、凝练出来的。

在全国政协2021年新年茶话会上,习近平总书记强调要发扬为民服务孺子牛、创新发展拓荒牛、艰苦奋斗老黄牛的"三牛"精神,在全面建设社会主义现代化国家新征程上奋勇前进。"三牛"精神正是要求我们在劳动实践中,在学习、工作和实际生活中,艰苦奋斗、勇于创新。我们要认识到"空谈误国,实干兴邦",劳动开创未来。以劳动托起中国梦,根本上是要靠劳动者的辛勤劳动、诚实劳动和创造性劳动。青年大学生只有坚定理想信念、不忘初心、练就本领、热爱劳动、创新思维,才能更好地为国家和民族的建设复兴奉献出自己的力量。大学生正处在最富活力、创造力的人生阶段,理应也必将成为创新创业的主体,顺应时代的发展要求,勤于劳动、善于实践、敢于创新、勇于创业。在创新创业、实现自身价值的过程中也必将凝聚成促进社会发展、国家进步的强大动力。当然,也要清醒地认识到,创新创业不能光靠运气和激情,而是要以扎实的知识技能储备和丰富的劳动实践经验做支点和基础，与新工艺、新产业相融合，循序渐进、拓宽视野、积极探索，逐步实现由劳动生产向劳动创造的转变。

知行合一　　组织一场辩论赛

结合所学的专业和本章内容，以小组为单位，开展一场以"技能训练和智力创造哪个更重要"为辩题的辩论赛。

案例品读　　最美奋斗者——朱恒银

朱恒银是安徽省地质矿产勘查局313地质队教授级高级工程师，曾当选2018年"大国工匠年度人物"，并于2020年5月获得第二届全国创新争先奖。他44年扎根地质一线，一年200多天风餐露宿，让探宝"银针"不断前进，将小口径岩芯钻探地质找矿深度从1 000米以浅推进至3 000米以深的国际先进水平，填补了7项国内空白，为国家创造了上千亿元的经济价值，创造了新的"中国深度"，在业内被称为"地质神兵"。

朱恒银虽然是大专学历，但他先后参加和主持了10余项国家级和省部级重点科研项目，取得"多分支受控定向钻探技术"系列成果，攻克陡矿体等无法勘探矿体系列难题，让10万吨储量的滁州琅琊山铜矿惊现于世，矿山开采寿命延长了30年，为3 000名工人稳定了生计。

2003年7月，上海地铁四号线突发地面塌陷事故，朱恒银率队连续奋战10个昼夜，出色地完成了抢险任务。他参加完成"上海地面沉降监测原理与施工技术"科研项目，技术成果广泛应用于浦东国际机场、磁悬浮铁路、东海大桥等国家重点工程。

此外，朱恒银特别注重技艺的传承。他常说："地质事业需要年轻人接班，工匠精神需要代代传承。"朱恒银编写百万字的《深部岩心钻探技术与管理》《深部地质钻探金刚石钻头研究与应用》，为我国钻探行业留下了珍贵的技术资料，并精心培养出一大批行业精英。

朱恒银荣获"全国劳动模范""安徽省道德模范"等称号，被授予国家科技进步二等奖、安徽省科技进步一等奖，当选"'大国工匠'2018年度人物"，荣登"中国好人榜"。

案例解读

朱恒银从一名普通的钻探工成长为大国工匠的案例给了我们很多启示。第一，一个人的成长离不开时代的发展，伟大的时代成就平凡人的梦想。第二，实践出真知，实践长才干。朱恒银数十年始终坚守在工作一线，这使得他的个人技术和能力不断提升。第三，一个人的成长离不开艰苦奋斗。从学校所学的知识毕竟是有限的，而社会的发展却是不断更新的，因此必须牢固树立终身学习的理念，只有不断学习新知识，刻苦钻研新技术，才有可能成为一名大国工匠。

第二章
劳动素养与劳动能力

锄禾日当午，汗滴禾下土。谁知盘中餐，粒粒皆辛苦。
——李绅

人生最大的快乐，是自己的劳动得到了成果。
——谢觉哉

学习目标

1. 知识目标：了解劳动素养的内涵、特点及劳动能力的构成
2. 能力目标：掌握劳动能力的培育方法
3. 素质目标：养成良好的劳动习惯，在实践中培育积极的劳动情感

牛刀小试

请认真阅读下列问题，结合个人实际情况进行作答。

序号	问题	选项
1	你认为当代大学生应该具备哪些核心素养	□人文底蕴 □科学精神 □学会学习 □健康生活 □责任担当 □实践创新
2	你对大学生身体和心理素质是怎么理解的	□身强力壮不生病就行，其他无所谓 □既要有健康的身体，也要有健康的心理 □既要学习成绩好，也要有思想品德
3	你认为"部分大学生缺乏劳动意识"的原因是什么	□家长未培养 □学习任务重 □社会不重视
4	你认为劳动教育是否能引领个人成长	□能够引领，因此需要加大重视 □有些帮助，具体作用还需要实践检验 □可有可无，无关紧要
5	你经常通过劳动来锻炼自己吗	请列出锻炼的主要形式：_____
6	你认同"'干一行爱一行'是一种优秀的劳动品质"吗	□不认同，做不喜欢的工作会产生厌倦感 □认同，有时候很难找到完全符合心意的工作 □有一定道理，但不一定能做到
7	你认为大学生需要着重培养哪些劳动能力	□基础劳动能力 □专业劳动技能 □社会服务能力 □创新创业能力
8	你赞同"大学生需要积极参与社会服务"这个观点吗	□赞同，大学生通过社会服务实践活动可以完善自身的能力结构 □不赞同，大学生的主要任务是学习文化知识 □没有思考过，也很少参与
9	你对"劳动教育需要与专业教育融合"怎么看	□需要根据不同专业的特色合理地融入劳动教育 □不需要，学好了专业课自然就掌握劳动技能了 □没有思考过
10	你认为劳动意识强对个人的就业有没有帮助	□很有帮助，某种程度上也代表了工作积极性高 □帮助很小，主要看能力如何 □有时候有帮助，主要看就业岗位

第一节　劳动素养的内涵及培育

> **话题探讨**
>
> 有人认为，宿舍是检验大学生劳动素养和劳动技能的最直观的场所。对此你怎么看？

课外链接 2-1

一、劳动素养的内涵

劳动素养是指个体通过体力劳动和脑力劳动所形成的与劳动相关的品质修养和行为能力[1]。在此基础上，我们需要从其整体性、实践性、社会性、递进性四个方面去把握和理解劳动素养的内涵。

整体性。劳动素养的整体性主要体现为内容与外化行为的多样性和统一性上。劳动素养在内容上包括劳动观念、劳动精神、劳动能力和劳动习惯等，是劳动教育多样性、系统性的体现。同时劳动素养也是学生劳动意识、劳动态度、劳动技能、劳动创新及多方面人格品质和行为能力的具体外化形式，体现了学生观念与行为的统一性。

实践性。劳动素养的实践性指的是其形成过程的身心亲历性。劳动是人类实践活动的一种特殊形式，强调的是主体在实践过程中全身心的参与，从体验中形成对知识经验的理解和思维的建构。大学生劳动素养形成的关键在于对校内外各类劳动活动的实践参与。具体而言，我们需要在劳动参与中熟悉与锻炼劳动技能，验证劳动知识并形成具体的劳动能力；同时还需要在劳

---

[1] 纪德奎，陈璐瑶. 劳动素养的内涵、结构体系及培养路径[J]. 天津师范大学学报（基础教育版），2021，22（2）：16-20.

动实践的过程中形成积极正确的劳动观念，在身体力行中提升对劳动的整体认识并激发创新精神。

社会性。"劳动教育具有鲜明的社会性，要求面对真实的生活世界和职业世界，以动手实践为主要方式，学会改造世界，在改造世界的过程中塑造自己，提升自身素养。"[①] 劳动素养是劳动教育的结果之一，是学校、家庭和社会三位一体协同共育的成果，社会性的教育活动造就了劳动素养的社会性特点，这也为大学生未来的社会化发展奠定了基础。

递进性。劳动素养的培育需要根据大学生身心发展的阶段性特点，以及国家对劳动教育的实施提出的要求进行逐步深化并递增难度。不同年级的大学生在身体素质、动手能力、思维认知及发展需求等方面存在着差异，因此对劳动素养的培育可以从简单到复杂，逐步深化至专门化和职业化的劳动。劳动素养的递进性特点要求学校在劳动教育的过程中必须科学合理地加以设计和实施。

拓展视窗

中国学生发展核心素养

2016年9月，教育部委托北京师范大学等多所高校共同完成的《中国学生发展核心素养》研究成果发布，这项历时三年才出炉的权威研究成果对核心素养的内涵、表现、落实途径等方面做了详细的阐释，指出中国学生发展核心素养以培养"全面发展的人"为核心，将中国学生核心素养分为文化基础、自主发展、社会参与三个方面，提出了人文底蕴、科学精神、学会学习、健康生活、责任担当、实践创新六大核心素养和18个基本要点（图2-1-1）。

---

① 魏进平，马丹丹. 新时代"劳动"的多维审视［J］. 天津师范大学学报（基础教育版），2021，22（1）：1.

图 2-1-1　中国学生发展核心素养示意图

二、劳动素养的构成

劳动素养不仅包括知识层面，还涵盖了劳动观念、劳动态度、劳动能力、劳动习惯、劳动品质、身心素质等诸多方面，是大学生全面发展的综合体现。

1. 劳动观念

劳动观念是劳动者对劳动的思想认识和根本看法。劳动观念直接决定了劳动者的价值判断、情感取向和行为选择，因而在劳动素养的培育中占据重要地位。习近平总书记多次强调"劳动最光荣，劳动最崇高，劳动最伟大，劳动最美丽"的理念，这是新时代劳动价值观的明确定位。

劳动是光荣的，是成功的必经之路。大学生要树立"劳动没有高低贵贱之分"的观念。劳动是崇高的，一切劳动，无论是体力劳动还是脑力劳动，都值得尊重和鼓励；一切创造，无论是个人创造还是集体创造，也都值得尊重和鼓励。我们要用劳动模范和先进工作者的崇高精神和高尚品格鞭策自己，将辛勤劳动、诚实劳动、创造性劳动化为自觉行为。劳动是伟大的，长期以来，我国工人阶级和广大劳动群众始终站在时代的前沿，他们积极投身革命、建设、改革的洪流，艰苦奋斗，锐意进取，为国家、民族建立了伟大的历史功勋，用勤劳的双手同全国各族人民一道共同描绘了我们伟大祖国的光辉画卷，书写了改革开放和现代化建设的壮丽的时代篇章。劳动是美丽的，它不仅彰显了劳动者的美德，更能创造美好生活、开创美好未来，实现伟大的中国梦。

2. 劳动态度

劳动态度是指劳动者在一定劳动价值观的指导下、在长期劳动体验的基础上形成的一种相对稳定的对待劳动的心理倾向。新时代的大学生要通过接受劳动教育，培育热爱劳动、勤于劳动、善于劳动的劳动态度。

幸福不会从天而降。生活的美好、社会的进步，莫不源于平凡艰辛的劳动。劳动是推动人类社会进步的根本力量，是培养人、塑造人和发展人的重要手段。随着社会发展和科技进步，劳动的形态和方式会发生变化，劳动的内容会不断丰富，但劳动的重要功能没有改变，梦想的实现和幸福的创造归根到底要靠劳动。当代青年学生从小就要培育热爱劳动、热爱创造的情感，通过劳动播种希望、收获果实，也通过劳动磨炼意志、提高自我。

知行合一

组织一次志愿服务活动

在教师的指导下，以小组为单位，开展一次社会志愿服务活动。活动内容由全班同学商议决定。如协助交警工作，担任文明交通劝导员；到火车站或体育馆维护秩序、进行卫生保洁；到敬老院或儿童福利院，为老人和孩子们提供一些力所能及的帮助；等等。

3. 劳动能力

劳动能力主要指劳动者在劳动实践的过程中，通过发挥自己的体力优势和脑力优势组织和实现个人任务或集体任务的能力。这种能力表现为劳动技能、实践能力、创新能力等。其中，劳动技能是指人们在具体的劳动活动中所形成的稳定的技术性能力，主要表现为能够独立或者合作完成一定的工作任务。实践能力是指将理论知识应用于劳动实践的过程，并能灵活地、创造性地服务于生产实际的能力。创新能力是指通过技术、知识、思维的革新，进一步提升劳动效率、创造超值劳动成果的能力。衡量劳动能力的高低主要看劳动对创造财富起到的作用。劳动能力对财富创造的贡献度越大，其价值也就越高，反之亦然。这里的财富既包括物质财富，也包括精神财富。

高职院校强调实践育人，为了更好地组织学生投入学习和工作，更应重点加强劳动技能的培育。衡量劳动技能的高低一般包括以下五个方面：一是技术和知识的要求，即生产岗位对文化水平和技术等级的要求。二是操作的复杂程度，即生产岗位作业的复杂程度和掌握操作流程所需的时间长短。三是设备的复杂程度，即使用的生产设备的复杂程度及管理设备所需的经验和技术知识。四是品控的难易程度，即产品数量的多少和质量要求的高低。五是处理突发事故的能力，即生产岗位预防和处理常见事故所应具备的能力水平。

4. 劳动习惯

劳动习惯是劳动者在长期的劳动实践和训练中形成的稳定的行为模式。随着互联网技术的快速发展和人工智能的兴起，人类的生活方式发生了很大的变化，劳动习惯也在随之改变，少数人滋生了不劳而获、坐享其成的不良心理。习近平总书记多次强调"空谈误国，实干兴邦"，鼓励大家"撸起袖子加油干"，倡导"在全社会大力弘扬真抓实干埋头苦干的良好风尚"。这些重要指示为新时代大学生养成良好的劳动习惯指明了方向。

劳动习惯是长期养成的，劳动习惯的养成在于劳动教育的常态化。在此要求下，大学生需要坚持做好三类劳动：一是生活劳动要日常化，日复一日、年复一年，天天做、持续做，久而久之，形成习惯。二是服务性劳动要自觉化，要让公益精神在服务性劳动中生根发芽，让公益劳动成为自觉行动，以此激发服务的热情。三是生产劳动要规范化，坚持以身体之、以心悟之，安全生产，规范劳动在劳动中经受磨炼，用心领悟生产劳动的意义，为习惯的培养提供正向加成。

> **拓展视窗**
>
> **九个劳动好习惯**
>
> 自己的事情自己做，家里的事情主动做，别人的事情帮助做，集体的事情大家做，劳动程序要遵守，自我保护需注意，安静劳动会巧干，劳动结束规整好，讲究效率不磨蹭。

5. 劳动品质

劳动品质是随着成长而养成的人格品质，体现为自觉化的劳动行为与思考方式，是从个体内在思想到外在行为表现的素养展现，也是大学生劳动素养体系的关键内容。

劳动品质主要包括劳动自主、劳动诚信、劳动责任。具体而言，劳动自主在于能够自觉主动、积极自愿地投入劳动活动中，形成主动劳动的习惯；劳动诚信是指养成尊重劳动事实、遵守劳动规范的行为品格；劳动责任是指在各阶段发展过程中形成的劳动责任感，具体表现为对个人、学校、家庭及社会的责任感。

俄国教育家乌申斯基曾指出："如果你能成功地选择劳动，并把自己的全部精神灌注到它里面去，那么幸福本身就会找到你。"劳动品质的养成不仅能满足专业发展的需求，更是自身幸福感的来源，也是获得感得以实现的重要渠道。大学生要自觉自愿、认真负责、安全规范、坚持不懈地参与劳动，形成诚实守信、吃苦耐劳、勤俭节约的优秀品质。在面对各种社会现象、价值选择、人生考量时，做到是非清、方向明，真正明白只有付出辛勤劳动才能结出果实。同时还要确立劳动光荣、浪费可耻的基本态度，倡导"一分耕耘，一分收获""勤耕不辍，富而不奢"的传统美德，把勤奋、节俭等优秀品质内化为一种生活习惯和方式。

6. 身心素质

身心素质包括身体与心理两个方面，是劳动素养的重要组成部分，也是劳动素养形成的基本条件。大学阶段是人生重要的转型期,是由"学生"转向"社会人员"的过渡阶段,也是个体的身体形态、生理机能、运动能力、人格状态、价值取向逐渐发育成熟并稳定的阶段,同时也是健康理念、卫生习惯、生活方式形成的关键时期。大学生能否保持健康的身心形态,对其身体和心理、学习和工作将产生重要影响。因此,大学生要对自己的身体素质有一个清晰的判断,制定参与体育锻炼和课外活动的计划,不断提高身体机能(图 2-1-2)。同时,要增强环境适应性,学会面对挫折和困惑,提高人际交往能力,培养多种有益于成长的兴趣,从而提升心理调适能力,为全面提升劳动素养打下坚实的基础。

图 2-1-2　大学生积极参加体育锻炼

拓展视窗　大学生身体素质的主要指标

大学生身体素质包含多个方面,有身体形态指标,包括身高、坐高、体重、胸围、腰围、臀围、上臂围、体脂比重等;有身体机能指标,包括脉搏、血压、肺活量等;有运动能力指标,包括反映人体力量、速度、灵敏度、柔韧性和耐力等基本运动素质的走、跑、跳、投、攀登、爬越、支撑、负重、搬运等项目;还有健康状况指标,包括视力不良检出率、低血红蛋白检出率、龋齿、蛔虫感染率等。

三、劳动素养的培育途径

培养德智体美劳全面发展的社会主义建设者和接班人,是高等学校的重要使命。学校可以从完善人才培养方案、强化专业实践教学、开展多种形式的社会实践、打造丰富的校园劳动文化、加强体育教学等方面进行劳动素养的培育。

1. 将劳动教育融入专业人才培养方案，培养学生正确的劳动观

坚持劳动教育与教学实践相结合，把劳动育人纳入专业人才培养方案，要做到以下三点：一是调整人才培养目标，将劳动素养作为学生综合素养的核心素养之一。在专业人才培养方案中，以培养高素质技术技能人才为目标，提出"掌握必备的劳动知识技能、培育积极的劳动态度、培养优良的劳动品德"等劳动素质要求，建立"以劳树德、以劳增智、以劳强体、以劳育美、以劳创新"的劳动育人目标。二是优化课程结构，建立"劳动+"多元课程体系，同时充分发掘基础课程及专业课程中的劳动教育要素，加强对于马克思主义劳动理论的学习，深刻理解和领会马克思主义关于劳动创造人、劳动促进人的全面发展等观点，不断提高自觉参加劳动实践、接受劳动教育的积极性和主动性。与此同时，要认真学习新时代劳动教育的内涵和意义，学懂、弄通、做实习近平总书记关于劳动教育的重要指示，真正理解并自觉践行"劳动最光荣，劳动最崇高，劳动最伟大，劳动最美丽"的劳动观。三是加强学生职业规划指导，引导学生在进行职业选择的过程中不能拈轻怕重，要勇于投身祖国现代化建设的第一线，把个人理想融入国家理想，以自己的实际行动为实现中华民族伟大复兴的中国梦勇做贡献。

2. 将劳动教育融入专业实践教学，提高学生的劳动能力

动手实践、身体力行是学生劳动能力提升的重要途径，专业实践教学是劳动教育主阵地。为提高学生的劳动能力，应做到以下四点：一是在实验实训中渗透工匠精神，培育工匠型劳动者。通过持之以恒的劳动，实现外部技能向内部精神的转变。在实践操作的过程中，强化学生对劳动工具的认识和运用，帮助其提升技术水平。例如，学校可以开展项目式、主题式等不同实践操作类型劳动活动，以此培养相关劳动技能。二是在专业的教学实验、课程设计、技能大赛（图2-1-3，图2-1-4）、跟班实习、顶岗实习、毕业设计等环节，引导学生展示动手能力及发现问题、解决问题的能力。三是引导

学生将劳动技能的养成与未来就业和职业生涯的可持续发展联系起来，并通过劳动实践获得持续提升职业技能的能力。四是通过开展创新创业教育，培养学生在劳动中养成勇于创新、善于变革的品质；培养灵活运用科学原理、专业知识和现代技术的劳动方法，注重在劳动过程中创造性地发现并解决问题、结构化地积累知识和经验，并能够在实践中有所突破。

图 2-1-3 学生技能大赛场景
（酒店管理专业）

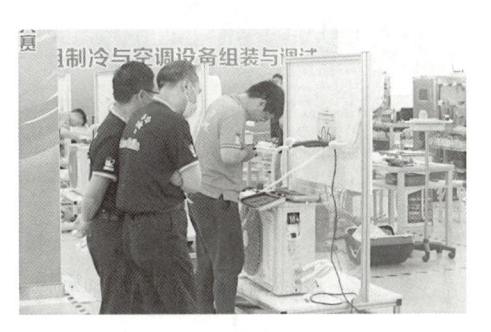

图 2-1-4 学生技能大赛场景
（制冷与空调设备组装与调试）

拓展视窗

全国职业院校技能大赛

全国职业院校技能大赛是教育部发起并牵头，联合国务院有关部门及有关行业、社会团体和地方政府共同举办的一项公益性、全国性的职业院校学生综合技能竞赛活动。大赛的目的是充分展示职业教育改革发展的丰硕成果，集中展现职业院校师生的风采，努力营造全社会关心、支持职业教育发展的良好氛围，促进职业院校与行业企业的产教结合，更好地为中国经济建设和社会发展服务。该赛事是专业覆盖面最广、参赛选手最多、社会影响最大、联合主办部门最全的国家级职业院校技能赛事。

3. 将劳动教育融入校园文化建设，培育学生的劳动情感

学校应将劳动教育融入优秀传统文化、红色文化、创新创业文化、社团文化、宿舍文化，同时结合志愿服务活动，构建劳动教育文化体系，使劳动

教育逐步对接、渗透、融入校园文化之中，引导学生用专业知识认识和改造世界，在实践中长知识、增才干，增强职业荣誉感和幸福感。将劳动教育与优秀传统文化相结合，培植学生"崇尚劳动、尊重劳动"的"匠心"。将劳动教育与专业发展相结合，培养学生"乐学善学、学以致用"的"匠能"。引入优秀企业文化，邀请企业家、工匠名师、劳动模范等先进人物走进校园，通过分享不同类型的奋斗者的典型事迹，弘扬"劳动光荣、劳动高尚"的价值观，提升学生职业道德素养。在社团文化的建设中，鼓励学生通过科学谋划、辛勤努力、无私奉献形成社团品牌，培养学生团结、合作、认真、奉献的精神。鼓励和引导学生参加各类有益的志愿服务，以忘我的奉献精神、不变的热情初心、专业的技能优势投身实践、走进社区、服务社会，在实践中展现劳动之美（图2-1-5）。

图2-1-5 大学生志愿者参加敬老活动

4. 将劳动教育融入学校健康教育，提升学生综合素质

学校应合理设计体育课程，同时鼓励学生合理利用课余时间参与室外活动，以此锻炼强健的体魄、提高交际能力、调节食欲与睡眠，养成终身锻炼的习惯。为提高大学生主动参与体育锻炼的兴趣，学校一方面需要加强对大学生健康观的引导与培养，使他们意识到身体素质对自身健康、未来发展的重要影响；另一方面需要创新体育锻炼教育模式。当前很多大学生随着锻炼时间的延长，对传统训练模式产生了倦怠感，不仅提不起锻炼兴趣，同时也达不到锻炼效果。因此，在组织大学生开展训练时，学校需要根据大学生的实际发展需求，对传统锻炼模式进行适当的调整和修改，探索出一套既能满足大学生身体素质发展，又能有效提升其积极性的锻炼模式。

> **知行合一**
>
> **为自己设计一个"每日锻炼计划"**
>
> 学校发起了"每日锻炼一小时,健康工作四十年,幸福生活一百岁"的倡议,请为自己设计一个"每日锻炼计划",并在大学时期坚持执行。

四、劳动素养的评价

劳动素养评价是借助一定的标准和体系对大学生在劳动教育实施过程中的优缺点和价值观念进行评判。评价主要是判断大学生劳动素养的养成程度、在劳动实践中任务的完成度及接受劳动教育后生成的劳动成果的质量。评价的主要目的是促进大学生自我教育、自我管理、自我监督、自我反思,从而发挥主观能动性,形成良好的劳动精神和劳动价值观。

1. 评价的原则

大学生劳动素养的评价是双向性、多元化的评价,评价应既能体现出大学生接受劳动教育后所获得的成效、取得的成果,又能体现出劳动教育实施方所付出的努力。评价需要坚持四个方面的原则:一是评价主体多元化。评价以大学生为主,还应包括学校、教师、家长、同学、校内团体,同时也涉及相关校外组织等。二是评价标准多元化。评价标准既应有素质标准,也要有职责标准和效果标准,前者是完成劳动任务所应具备的条件,后者是完成劳动任务时承担的职责、任务及最后取得的效果。三是评价方法科学化。劳动素养中知识、技能、成果容易量化并能以数据形式体现,而劳动观、劳动态度、劳动品质和劳动习惯等内容则需要通过评价者与评价对象交流互动来确定,因此应使用定量评价和定性评价相结合的方法。四是过程评价与结果评价相结合。既要重视劳动结果,也要重视劳动过程,劳动的目的是促进人的全面发展,避免完全结果导向性评价带来的片面性弊端。

2. 评价的方法

劳动素养评价可综合采用日常表现评价和学段综合评价两种方式。一方面，利用评价手册、劳动日志、成长档案手册等方式进行记录和评价，获得量化数据，使评价结果更客观、更科学。另一方面，建立全学段的劳动素养评价体系，有机衔接各学段的目标和内容，包括建立劳动任务清单等。在评价过程中要推进数据平台建设，利用人工智能和虚拟仿真等技术建立劳动素养情境化的评价模式。

第二节　劳动能力的构成及培育

话题探讨

我国现在同时存在"用工荒"和"就业难"的问题。一方面，企业面临技能人才和普通工人"双短缺"；另一方面，很多毕业生手持求职信却四处碰壁。你如何认识并破解这一难题？

课外链接 2-2

一、劳动能力的构成

一般来说，劳动能力包括基础劳动能力、专业劳动技能、社会服务能力、创新创业能力等。

1. 基础劳动能力

基础劳动能力主要是指体力能力、智力能力、心理能力。体力能力是其他能力要素得以形成和发挥的基础；智力能力是劳动技能的核心；心理能力即人的心理特征，对其他技能的形成与发挥起到推动或阻碍的作用。在成长和发展过程中，要重视体力、智力和心理的平衡发展，这样才能为培育更全面的劳动能力打下坚实的基础。

2. 专业劳动能力

专业劳动能力一般指的是专业性的技能。此类技能的培养要立足本专业，加强专业技能的培训。在求职过程中，招聘方最关注的就是求职者是否具备胜任工作岗位的专业能力。专业能力是纵向的，是提升个人价值的根本所在。职业院校培养的是高素质技术技能人才，更应重视专业劳动能力的培养，在这一过程中，要特别注重和生产一线的企业相对接，深化产教融合、校企合作，让学生在实践中锻炼专业劳动技能，积累实操经验。

3. 社会服务能力

社会服务能力是大学生进行社会服务时所具备的技能，这项能力对知识储备、社会适应能力、意志力、责任感均有较高要求。这种能力可以通过有计划、有组织地参加社会服务实践活动进行训练和积累，同时这也是一个不断完善自我的过程。大学生社会服务活动是大学生劳动教育的重要载体。社会服务实践对于帮助大学生加强与社会的联系、了解国情、接受实践训练、增强服务意识、培养综合素质具有重要的作用。

4. 创新创业能力

"创新创业"并不是"创新"与"创业"两个概念的简单相加，而是应该在创新创业教育的背景下去理解和解读。2010年5月，教育部明确提出了创新创业教育的概念，并指出"创新创业教育是适应经济社会和国家发展战略需要而产生的一种教学理念与模式"，从而将创新与创业更加紧密地联系在一起。《欧盟创业能力框架》中提出，知识、技能、态度三部分构成了创新创业能力。这种能力可以是个体层面的，也可以是团体层面的。创新创业能力就是指在行动力的驱使下，将想法转化为社会、经济、文化价值的能力。这种能力是一种普遍性的能力，也是生活所必需的能力，在个体的个人发展、愿景实现、职业晋升、组织与社区活动、创办新企业的过程中都起到非常重要的作用。

二、劳动能力的培育

1. 基础劳动能力的培育

基础劳动能力的培育可以从体力、智力及心理三个方面加强。在体力能力培养方面，要根据当前部分大学生身体素质不良的现状（图2-2-1），注重提高体育课教学效率与教学质量,加强体能培育,并将其作为劳动技能培育的根基,增强学生体质,为其以后的学习和工作打下良好的基础。在智力能力方面,应当依据专业技术技能型人才的知识、能力、素质的要求,加强专业知识与专业技能的培养,同时养成良好的思维习惯和学习方法。与此同时,学校应引导、鼓励并组织学生进入社会,使其了解自己专业、特长的实际应用,与经历丰富的社会工作者交流经验,以增强技能,同时还可以通过专业实训、校企合作等方式培养学生的能力。在心理能力方面,学校应当通过开设心理课程开展心理健康知识的普及性教育,注重人文关怀。在学生遭遇大事、难事、急事,奋斗意志动摇时,学校要根据个体差异和事件性质,有针对性地分析归因、找准问题、疏解情绪、解疑释惑,引导学生在摔打、挫折、考验中历练宠辱不惊的心理素质,坚定百折不挠的进取意志,保持乐观向上的精神状态。

图 2-2-1　少数大学生体质现状

2. 专业劳动技能的培育

对于大学生来说,学习知识的重要前提条件是要激发学习动机。学习是提高自身价值的重要途径,在劳动教育中也依然重要。大学生应努力追求知识,培养终身学习的能力,积极适应社会发展,增强适应社会的能力和自信心。但由于每个个体的个性特征、学习风格、学习兴趣都不一样，在激发学习动机时要明确自己的目标，既不要过高也不要过低，学习动机的激发一定要随着承受能力和外部条件的变化而变化。这是因为学习和学习动机都是一个动态的过程，主要来自个体的主观感受，只有依据实际情况不断改变才能更加有效地提升自我，相信自己有能力为社会服务。在激发并保持学习动机的基础上，可以进一步地探讨专业学习。

大学生的专业学习与劳动教育在目标上应高度一致，即通过传授专业知识与提升专业技能，输送具有创新精神、实践能力的人才到相应的劳动岗位，提高社会生产效率，推动社会发展。将劳动教育贯穿于职业院校专业教育的过程之中，是培育高素质技术技能人才的必经之路，可以通过以下三种途径：一是根据不同专业特色合理融入劳动教育。二是在专业课的学习中潜移默化地融入劳动教育。根据专业的不同，利用双休日、寒暑假等课余时间组织学生进行顶岗实习、专业实训等与专业教学紧密联系的活动，培养学生的主人翁意识；以项目为中心组织专业教学，提前呈现以后工作中出现的高频案例，引导学生通过演讲、辩论、角色扮演等方式解决问题。三是找准专业教育切入点。职业院校人才培养的关键环节一般包含教学、考试、实习（包括专业实习和毕业实习）、毕业设计，这四大环节均需要劳动的切实融入。考试是检验学业成绩的一种方式，在一定程度上肯定了劳动的价值，学生通过学习提升知识，通过劳动将知识转化为具体的实践，进而转化为财富。顶岗实习阶段和毕业论文设计与写作阶段能充分体现创造性劳动的价值，体现其创新精神。因此，不断加强专业技能的实践教育对于培养学生的劳动技能是十分重要的。

知行合一

组织主题演讲比赛

请以"劳动"为主题在班级内开展演讲比赛，可探讨劳动与人生、劳动与收获、劳动与国家发展的关系，可结合本专业的发展趋势创新立意。

3. 社会服务能力的培育

大学生的社会服务能力可以通过参加各类校内外社会实践活动来培育。可以选择的途径有以下四种：一是探索实施班干部轮任制度。担任学生干部可以锻炼学生的社会实践能力，提高其语言表达能力，培养其责任担当意识，提高自信心。二是积极参加校内日常生活劳动。当前各学校均有专门的物业公司承担校园、教室、宿舍等公共场所的保洁任务，少数学生习惯将垃圾留在教室、丢在宿舍门口，等保洁人员来清理。因此，有必要针对此类情况开展劳动教育，引导学生认识到校园是大家的校园，每个人都应该对校园卫生尽到自己的一份责任。应主动对生活垃圾进行清扫，按照自己的兴趣爱好加入学校的劳动岗位中（图 2-2-2），如担任图书管理员、班主任助理、食堂帮厨等，让自己投身于真正的劳动中，体悟劳动成果的来之不易，培养尊重他人劳动成果的意识和服务他人的劳动能力。三是在教师的带领下搭建产学研用合作平台。通过产学研用的方式，帮助社会组织和企业解决实际问题，这既有利于培养学生的工作能力和创新精神，又可以为企业培养技术技能性人才，实现院校与企业的"双赢"。四是组织开展各类社会志愿服务活动。如敬老爱老、病残帮扶、义务家教、活动保障、应急救援、环境维护、公益宣传等，让学生在服务中增强同理性和社会责任感。

4. 创新创业能力的培育

培育大学生创新创业能力可以通过以下五种途径。

一是注重开发兴趣，激发创新意识。引导大学生坚定勇于探索、追求卓越的雄心壮志，既不妄自菲薄，也不妄自尊大，以强烈的好奇心、求知欲、挑战力和坚韧性进行自我教育、自我开发、自我创造。

二是优化知识结构，培养创新思维。充分重视大学生的主体地位，深化教学改革，加强课程的延伸性、综合性、探究性；鼓励大学生大胆构思、怀疑自省，敢于提出问题、敏锐发现问题、善于解决问题，加强逻辑思维、逆向思维、辩证思维等训练；引导大学生用探究的手段、批判的精神提出新理论、开辟新领域、探索新路径。

图 2-2-2 校园义务劳动场景

三是加强专业建设和平台布局，提高创新能力。要完善新兴专业和前沿科技布局，依托科技项目、重大赛事等平台，吸引鼓励大学生投身科学研究、关键技术攻关，提高信息加工、分析研究、动手操作和成果转化等能力。加强校企、校地合作，建立协同创新工作平台，推进虚拟仿真系统、创客空间（图 2-2-3）、创业科技园、科技孵化基地等实训实践平台建设，引导大批竞争力强、成长性好的大学生创新创业团体融入社会、贡献才智。

图 2-2-3 创客空间示例

四是加强校园文化建设，营造创新创业氛围。充分发挥大学生科技类社团的作用，开展丰富多彩的课外科技实践活动，开阔学生视野，激发其积极性。开展创新创业教育的专题活动，以社会实践为纽带，将创新创业教育的目标、任务、内容、要求有机地融入校园文化中。以校园文化科技活动为载体，以科技竞赛为依托，充分利用"互联网+"创新创业大赛、"挑战杯"创业设计大赛、课外学术科技作品竞赛、大学生就业创业论坛等平台培养科技创新能力。

五是搭建创新创业实践平台，为学生历练创新创业能力创造条件。如与企业合作创立实践训练基地，设立创业基金，为学生提供创业实战演练场所。再如，建设大学生创业孵化基地，鼓励有创业意愿和创业能力的在校生及近年来毕业的学生入驻，参与项目的学生可以免费接受教师提供的项目策划、开业辅导、证照办理、财税代理、法律咨询、创业培训、融资贷款、知识产权保护、企业运营等指导和服务。学校也可以为入驻企业提供场租减免等资金扶持政策，并免费协助符合条件的在孵企业申请各类就业创业专项资金和补贴。

知行合一　设计一份创业计划书

目前入驻学校创业孵化基地的项目主要有互联网+、电子商务与贸易、软件开发、动漫与多媒体设计制作、电子信息技术、文化创意、节能环保、生物医药、企业咨询与服务、教育咨询与服务等。请根据你的特长或爱好，设计一份创业计划书，申请某一个项目。

案例品读　何菲：传承"梦桃精神"，做最美劳动者

2019年11月，习近平总书记亲切勉励咸阳纺织集团"梦桃小组"全体成员，希望大家继续以赵梦桃同志为榜样，在工作中勇于创新、甘于奉献、精益求精，争做新时代的最美奋斗者，把"梦桃精神"一代一代传承下去。

"梦桃小组"是以20世纪50年代西北国棉一厂的细纱挡车女工赵梦桃

第二节　劳动能力的构成及培育

名字命名的，曾经以"高标准、严要求、行动快、工作实、抢困难、送方便"的工作原则和"不让一个伙伴掉队"的团队精神影响了一代代纺织工人。

如今，全国人大代表何菲，一位像赵梦桃一样奋斗在纺织一线的女性，担任"梦桃小组"第13任组长，紧握传承"梦桃精神"的接力棒。她凭借多年练就的扎实技术，一人担起落纱、值车、摆管、摇车多个岗位，顶住了人员严重匮乏的压力。在培养新工时，何菲把每位员工当成曾经的自己，利用业余时间陪新工练习，手把手传授一招一式、一点一滴。她培养的强大后备力量中有多名员工成长为业务骨干。

日复一日、年复一年的琢磨训练换来每一个小动作以秒计数的提速。正是这几秒的提速，大大提高了生产效率。经过探索，"梦桃小组"改善了长期存在的"打纱难"的问题，进一步优化了"三位一体"工作法，用工人数从28人减少到18人，3个轮班节省用工30人。在姑娘们灵动的指尖上，纺纱机器有条不紊地运行着，飘扬的纱线舞出了她们的青春和辛勤。

何菲说："习近平总书记赋予'梦桃精神'新的内涵，不仅是对小组的勉励，也是对新时代所有奋斗者的勉励，为我们在新时代弘扬'梦桃精神'指明了方向。'梦桃精神'代表了一种担当、一种作风、一种信仰，正是这样的精神穿越历史时空，给予我们前进的底气和力量。我们要立足岗位，艰苦奋斗，让'梦桃精神'像灯塔一样，引领我们砥砺前行！"

> **案例解读**
>
> 2017年，"梦桃小组"被中宣部、中央文明办、中华全国总工会授予全国十大"最美职工"荣誉称号，这是因为在她们身上体现了崇高的劳动价值观、正确的劳动态度、卓越的劳动能力、良好的劳动习惯和优秀的劳动品质。以精优技术保证产品质量，以集体智慧建功立业是梦桃式工人、梦桃式班组始终作为纺织战线一面旗帜的重要原因，新时代的劳动精神在"梦桃小组"中得到了全面的、综合的体现。

第三章 劳动精神培育

> 天之道,利而不害;圣人之道,为而不争。
> ——《道德经》

> 世间没有一种具有真正价值的东西,可以不经过艰苦辛勤的劳动而能够得到。
> ——爱迪生

学习目标

1. 知识目标:了解劳动精神、劳模精神、工匠精神的时代内涵
2. 能力目标:能自觉践行新时代劳动精神、劳模精神、工匠精神
3. 素质目标:培育、传承劳动精神、劳模精神、工匠精神

牛刀小试

请认真阅读下列问题，结合个人实际情况进行作答。

序号	问题	选项
1	你是否赞同"只有体会劳动的艰辛，才能收获劳动的快乐"这句话	□赞同 □没思考过 □不太赞同，有机会就参与，没机会也不必制造困难
2	你知道劳动精神、劳模精神、工匠精神的具体内涵吗	□不了解　□知道一些　□很了解
3	你了解什么是"全国劳动模范"称号吗	□不了解　□知道一些　□很了解
4	你认为新时代大学生在劳动素质方面存在哪些问题	□劳动观念减弱　□劳动能力不强 □劳动价值偏功利性
5	你认为网络信息化时代还有辛勤劳动的必要吗	□有必要　□有些时候需要　□不必要
6	你受到的劳动精神教育主要来自哪里	□家庭　□学校　□社会　□自我学习
7	你对企业诚信经营怎么看	□不关心，与我无关 □只要能赚钱，手段不是最主要的 □只有诚信经营才能有好口碑
8	你比较希望学校组织哪种形式的劳动教育活动	□专业实践劳动　□社会实践活动 □劳模工匠大讲堂 □劳动主题的学生活动(如辩论赛等)
9	你认为学校对劳动精神的培育重视吗	□很重视　□比较重视　□一般　□不重视
10	你未来会选择什么样的就业岗位	□赚钱多的　□轻松的　□喜欢的 □希望为社会发展做贡献

第一节　践行劳动精神

话题探讨

有人认为应当全面推行企业新型学徒制，也有人认为当学徒没出息，还有人认为在工业化进程中，"人"的技术能力在减弱。对此，你怎么看？

课外链接 3-1

　　光荣属于劳动者，幸福属于劳动者。习近平总书记在多个场合反复强调要在全社会弘扬劳动精神。2020年11月，习近平总书记在全国劳动模范和先进工作者表彰大会上讲话时明确了劳动精神的内涵，即"崇尚劳动、热爱劳动、辛勤劳动、诚实劳动"。2020年12月，习近平总书记在致首届全国职业技能大赛的贺信中提到，"各级党委和政府要高度重视技能人才工作，大力弘扬劳模精神、劳动精神、工匠精神，激励更多劳动者特别是青年一代走技能成才、技能报国之路，培养更多高技能人才和大国工匠，为全面建设社会主义现代化国家提供有力人才保障"。

　　新时代劳动精神的提出是对我国广大劳动者的伟大实践做出的高度凝练和本质概括，是对马克思主义劳动观的再丰富、再创新、再发展，具有鲜明的中国特色，是全体劳动者的精神财富。弘扬劳动精神对于鼓舞和激励全党全国各族人民在朝着建成富强、民主、文明、和谐、美丽的社会主义现代化强国的第二个百年奋斗目标的道路上乘风破浪、开拓进取具有重大意义。

　　劳动精神是劳动的本质属性，具有丰富的内涵，是对劳动者在劳动过程中表现出来的劳动理念、劳动态度、劳动品质及所展示的精神风貌的综合概括,是推动社会进步、为人民创造美好生活的重要精神动力(图 3-1-1)。劳动精神包含了理念认知和行为实践两个层面。新时代的劳动精神在理念认知上表现为崇尚劳动、热爱劳动;在行为实践上表现为辛勤劳动、诚实劳动。

图 3-1-1　弘扬劳动精神

拓展视窗

精神力量

精神力量是指人的思想意识、思维活动和一般心理状态中产生出自信、自强的激情与活力,及其与之相对应的自我控制力和自我约束力。精神力量包括思想、文化、信念、志向、气魄等要素,它与物质力量既紧密联系,又互相区别。它们不是简单的加减关系,而是相辅相成、相互制约和协调的。物质力量是精神力量的有形载体和物化,而精神力量是物质力量的无形延伸和强化。

一、崇尚劳动

"崇尚劳动"是指树立正确的劳动价值观,充分认识到"劳动最光荣、劳动最伟大、劳动最崇高、劳动最美丽"的道理。劳动是财富的源泉,更是幸福的源泉。劳动作为人类最根本的实践活动,不断创造和积累着人类发展需要的物质财富和精神财富,也不断地为人类生活和人类社会带来幸福。

我国自古以来就有崇尚劳动的传统,劳动精神早已根植于中华儿女的血脉中。古代君子有六门必修课,需要掌握六种基本才能,即"养国子以道,乃教之六艺:一曰五礼,二曰六乐,三曰五射,四曰五御,五曰六书,六曰九数"(出自《周礼·保氏》)。古往今来,辛勤的劳动者一直被人尊敬,受人赞美,有"晨兴理荒秽,戴月荷锄归"的农夫,有"君看一叶舟,出没风波里"的渔者,有"女郎剪下鸳鸯锦,将向中流匹晚霞"的纺织工,有"炉火照天地,红星乱紫烟"的冶炼工,有"六月调神曲,正朝汲美泉"的酿酒工。当今社会,大国工匠和劳动模范们正在用智慧和汗水创造着物质财富和精神财富,续写着新时代的劳动传奇,他们更为我们所崇敬。

中华民族在埋头苦干、艰苦奋斗中取得了辉煌的成绩。当前,我们正在建设社会主义现代化强国,这不仅要靠党的领导,更要靠全国人民的劳动创造。大学生是未来祖国建设和社会发展的关键力量,需要继承崇尚劳动的优良传统,树立正确的劳动观,不断提高劳动意识,在劳动中拼搏和奉献,收获成功的喜悦,体会劳动带来的尊严感。

弘扬崇尚劳动的劳动精神,需要我们坚决抵制拜金主义和享乐主义思想侵袭,从小培养热爱劳动的观念,让劳动光荣成为全社会的共识,让崇尚劳动成为全民的新追求;涵养尊重劳动的风气,认识到劳动没有高低贵贱之分,既要尊重白领劳动者,也要尊重蓝领劳动者,在全社会形成尊重劳动的良好风尚;铸牢守护劳动的盾牌,不断完善保护劳动者合法权益的法律法规，积极维护劳动者的合法权益，让劳动者充分体验到劳动的尊严和价值，增强获得感和幸福感。

拓展视窗

柴闪闪：幸福是"跑"出来的

这不是普通的运动鞋，而是特制的劳保鞋——鞋尖有钢板，底部有钢钉，鞋底目测近2厘米厚。可尽管这样，不到两年，鞋底就被磨平了，底部的钢钉也都露了出来。

就是这样一双鞋，陪伴着他装卸邮件、往返月台。他就是中国邮政上海市邮区中心局的接发员、十三届全国人大代表柴闪闪。来沪17年，他用自己的经历"跑"出了一段"闪闪发光"的人生，为这段历程加上了"奋斗"的注脚。

2020年年初，新冠肺炎疫情突发，邮政快递成为防疫物资运送的主力军。2月初，邮政上海王港邮件处理中心开通了防疫物资的绿色通道，从上海经转的各类物资都随到随装、装满发车，一车车物资以最快的速度运往武汉。

身为湖北人的柴闪闪从事邮政工作多年，一直都选择错峰过年。没有回老家的他得知王港投揽压力激增、急需人手，就主动报名加入中国邮政上海分公司组织的"党员突击队"，戴好口罩和手套，迅速投入邮件和物资的分拣、装运工作。

快递小哥、外卖骑手、生鲜配送员……这些新就业形态从业者的坚守共同搭起了这条快速、及时的"流动生命线"。身为其中一员，柴闪闪一直不忘为这群人代言、发声。从最早建议让技术工人得到更多的个性化培训，到让快递小哥参与社区共治，再到如今为平台就业者争取权益，穿上那双伴随他奔跑的劳保鞋，柴闪闪的脚步就是亿万农民工群体坚定前行的写照。

二、热爱劳动

"热爱劳动"是指培养正确的劳动态度，促进劳动者自觉劳动、积极劳动、主动劳动。劳动是人类的本质特征，人只有通过劳动才能获得必需的生活资料，才能安身立命。劳动也是对一个人最高的要求，因为只有坚持不懈地付出努力，全身心地投入工作岗位中，才能有所成就，为社会做出更多的贡献。历史上凡成大事者，必定是那些对本职工作孜孜不倦、付出努力的人。

在安徽省凤阳县小岗村的"大包干纪念馆"里，有一张红手印照片（图3-1-2）。1978年冬天，小岗村的十余位农民依次按下自己的手印，改革开放的奇迹开始在祖国大地上轰轰烈烈地展开。他们的内心深处怀着对劳动的满腔热爱，坚信辛勤的劳动一定能换来幸福的生活。

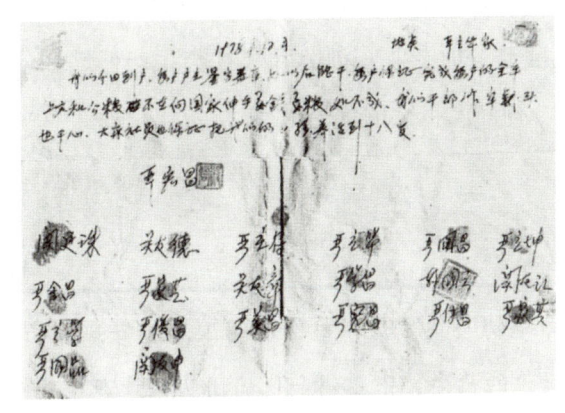

图 3-1-2　红手印照片

在大学生群体中，有一部分同学对劳动存在错误认识，在生活中不爱劳动。有的同学认为"只有犯了错误才会被罚做劳动"，有的同学认为"劳动浪费了学习和玩耍的时间，得不偿失"，有的认为"劳动丢面子，只有家庭条件差的同学才不得不劳动"，有的同学认为"现在都智能社会了，没有必要劳动"，有的同学认为"劳动太苦太累，何必自己干，花点钱让别人去干就好了"。这些错误的认识都是没有真正认识到劳动的现实价值。

热爱劳动，首先要懂得劳动让生活更美好的道理，从而强化自觉劳动的意识。一粥一饭、半丝半缕，都是劳动的成果。从我国古代的发明创造到今天自主研发的北斗导航，从古代的都江堰水利工程到今天的三峡大坝，都是劳动人民用血汗浇筑而成的。只有劳动，人民才能不断适应自然、改造自然和保护自然。

热爱劳动，还要理解劳动让世界更精彩、更充实的道理，从而增强积极劳动的动力。劳动不仅是生活的需要，也是快乐的源泉。劳动创造了精神财富，劳动实践是中华民族灿烂文化的源头活水。劳动可以让梦想更绚烂，辛勤的汗水浇灌美丽的花朵，勤奋的努力实现远大的梦想。

热爱劳动，更需要我们用自己的实际行动去践行，主动投身于劳动实践。源于内心的热爱，是一种强大的动力，只有在正确的劳动观和真挚的劳动情感的支配下，劳动者才会产生一种自觉自愿的行动。大学生应该从日常生活劳动做起，自觉参加专业实训劳动、社会生产劳动和各类服务性劳动，让热爱劳动成为一种高度自觉的优秀品质。

拓展视窗

张黎明的故事

张黎明是国家电网天津市电力公司滨海供电分公司配电抢修班班长。他埋头扎根电力抢修一线数十年，凭着对岗位的热爱，张黎明和他的团队累计开展400余项技术革新，获国家专利158项。张黎明也从一名普通工人成长为电力行业响当当的"蓝领创客"，被誉为新时代知识型、技能型、创新型产业工人的代表。

经过反复测试，张黎明带领团队日夜奋战研制的带电作业机器人——"钢铁侠"试验成功。有了它，机器人就能代替人在电网上开展"微创手术"了。为了让电路抢修更快，他曾和同事反复试验，发明了"可摘取式低压刀闸"，使线路变压器发生保险片短路烧毁故障的抢修时间从过去的45分钟缩短到8分钟。

"黎明出发，点亮万家。"张黎明通过自身的不懈努力，从技校毕业生到技能专家，从普通工人到全国劳模、十九大代表，敢为人先、热爱劳动、创造性劳动的精神在他身上得到彰显，他用实际行动谱写了新时代的劳动者之歌。

三、辛勤劳动

"辛勤劳动"是指对劳动过程及其强度的充分肯定，需要劳动者遵循劳动的客观规律，承担必要的劳动强度，体力劳动要付出辛劳和汗水，脑力劳动要付出智慧和心血。历史的发展历程显示，大到国家，小到家庭，无不是兴盛于勤俭，衰落于奢靡。勤劳是中华民族的优良传统，这是中国人自古以来就传承下来的一种宝贵品质，也是中华民族屹立于世界民族之林的核心精神力量。

从古人流传下来的诗词谚语中，我们就能看出辛勤劳动对一个国家、一个家庭、一个人的重要性，如《左传》记载的"民生在勤，勤则不匮"说的就是民众的生计在于勤劳，勤劳就不会出现物资匮乏的现象。此外，还有我们经常说的"勤能补拙""业精于勤荒于嬉，行成于思而毁于随""诗书勤乃有，不勤腹空虚""富贵本无根，尽从勤里得""勤学如春起之苗，不见其增，日有所长；辍学如磨刀之石，不见其损，日有所亏"等。

辛勤劳动主要表现在劳动者努力创造物质财富和精神财富这两个方面。在中国共产党领导全国人民进行百年奋斗的征程中，每个时期都涌现出了一批辛勤劳动的典范。抗日战争时期，陕甘宁边区及各抗日根据地财政经济出现极大困难，边区军民在党的领导下，在逆境中自己动手、丰衣足食，顽强生存、英勇斗争，创造了历史奇迹。在社会主义建设的岁月里，工人阶级和广大劳动人民始终站在时代前沿，用汗水和智慧奏响"咱们工人有力量"的主旋律，老工人孟泰带领工友献交器材、刨开冰雪收集废旧零件，建成了鞍钢著名的"孟泰仓库"；产业工人许振超带领班组练就"一钩准""一钩净""无声响操作"等绝活，多次刷新集装箱装卸世界纪录；北京市21路公共汽车售票员李素丽以热情周到的服务践行了"公交有终点，服务没终点"的工作精神；无数科技工作者用知识和技术托起了强国梦。在进入中国特色社会主义新时代后,广大劳动者在党的领导下众志成城、辛勤奉献。在抗击新冠肺炎疫情的斗争中,无数劳动者勠力同心,汇聚成一股强大的力量。从一线医务人员到环卫工人、快递小哥,再到生产防疫物资的工人,千千万万的普通劳动者迎难而上,在各自的岗位上无私奉献,构筑起联防联控、群防群控的严密防线,为复工复产创造了有利的条件。

拓展视窗

大生产运动

在抗日战争进入战略相持阶段后,敌后战场的斗争形势日益严峻。大生产运动是克服抗日根据地经济困难的重要一环,总方针是"发展经济,保障供给"。1939年2月,当困难刚刚露头的时候,毛泽东就发出了"自己动手"的号召。1941年,党中央再次强调必须走生产自救的道路。同年春,八路军第三五九旅开进南泥湾实行军垦屯田。他们发扬自力更生、奋发图强的精神,使昔日荒凉的南泥湾变成了"陕北的好江南"。

在大生产运动中,中央领导人以身作则。毛泽东开垦了一块地,种上了菜;朱德组织一个生产小组,开垦三亩菜地;1943年,中央直属机关举行纺线比赛,任弼时夺得第一名,周恩来被评为纺线能手。

陕甘宁边区和华北敌后抗日根据地开展大生产运动后,大大减轻了人民负担,军民生活明显改善,党和人民群众的血肉联系得到加强。到1945年,陕甘宁边区农民大部分做到了"耕三余一"(耕种三年庄稼,除消耗外,可剩余一年吃的粮食),农民所交公粮占总收获量比重逐年下降。从1943年起,敌后各根据地的机关一般能自给两三个月甚至半年的粮食和蔬菜,人民负担也只占总收入的14%左右,按当时的生活水平,实现了"自己动手,丰衣足食"的要求(图3-1-3)。

图3-1-3 自己动手 丰衣足食

正是因为劳动创造，我们拥有了辉煌的历史；也正是因为劳动创造，我们拥有了今天的成就。弘扬劳动精神，就是要认同并自觉践行辛勤劳动的精神，坚决反对懒惰荒废、好高骛远、敷衍塞责、怨天尤人等不良态度。调查研究证明，童年和青少年时期养成劳动的习惯，长大后更可能具有责任心，也更容易适应家庭生活和职场工作的需要。新时代的大学生是建设社会主义现代化强国、实现民族伟大复兴的主力军，一定要从现在做起、从身边做起，在辛勤劳动中培育优秀的劳动品质和劳动精神。

四、诚实劳动

诚实是公民的道德要求，是为人之本、从业之要，指的是对事业、对集体、对他人都要忠诚老实，具体体现在忠于人民、实事求是、言行一致。诚实劳动就是以诚实为特质的劳动品质与劳动精神的体现，也是对劳动者品德的客观肯定，这就要求劳动者在工作中要爱岗敬业、诚实守信，以主人翁的姿态对待劳动，把劳动看作自己应尽的职责和神圣的义务，踏踏实实、求真务实、真抓实干、实事求是。现在常以劳动质量好、数量多、责任心强、贡献大作为诚实劳动的评价标准。

诚实劳动体现的是最朴素的民族精神。传说中大禹治水的不辞劳苦、愚公移山的坚毅不屈，都凝聚着劳动人民艰苦奋斗、百折不挠的精神。建筑工地上挥汗如雨的工人、田野里辛勤耕作的农民、严寒酷暑下指挥交通的警察、三尺讲台上教授知识的教师、实验室里苦心研究的科学家，新中国成立以来的辉煌成就就是这些千千万万的普通劳动者用诚实劳动干出来的。特别是改革开放以来，在党的领导下，全国人民奋发有为、辛勤耕耘、诚实劳动，创造了人类发展史上的"中国奇迹"。正如习近平总书记所说："人世间的美好梦想，只有通过诚实劳动才能实现；发展中的各种难题，只有通过诚实劳动才能破解；生命里的一切辉煌，只有通过诚实劳动才能铸就。"

拓展视窗

李江福：诚信是成功的秘诀

李江福是全国道德模范、全国劳动模范、全国诚信之星，由他主持建造的楼房超过1 000栋，其中有160多个项目获得鲁班奖、国家优质工程银奖、中国优质样板工程，以及"中州杯""汾水杯"等荣誉。

成功的秘诀是什么？

"诚信。"这是李江福的回答。

李江福主持建造的所有工程，没有出现过质量问题，没有延误过工期，没有拖欠过工资，他用诚信践行诺言，为社会交上答案，更为自己赢得了诸多荣誉称号。从业30多年来，李江福带领过的农民工有14万多人次。"我不欠你一分钱，你要垒好每块砖。"这句话他不但经常讲给员工听，更镌刻在公司的诚信柱上作为公司的经营理念，让每一名员工入眼、入脑、入心。

聚是一团火，散是满天星。在他的精神感召下，他所在的公司涌现出300多名建筑骨干，50多位省、市级劳动模范、道德模范、身边好人及劳动奖章获得者。

给人星火者，必心怀火炬。是什么让李江福心中有大爱、脚下有力量？李江福说："三个精神之源影响了我的人生和事业：与人为善、诚信不欺的家风的熏陶；自力更生、艰苦创业、团结协作、无私奉献的红旗渠精神的滋养；听党话、跟党走、脚踏实地、共同致富的新乡先进群体精神的浸润。"

人无信不立，业无信不兴。劳动既是个体实践，也是社会行为。诚实劳动体现了劳动者的优秀品质，也彰显了健康文明的社会氛围。对于劳动者个人而言，只有通过诚实劳动，才能收获财富、增长经验、赢得他人的尊重。对于企业来说，只有秉持诚实经营的理念，才能获得事业的长久发展和成功。相反，个别企业偷工减料、制假收假、坑蒙拐骗、蓄意炒作，或许换来了一时的不当之利，但必定经不起时间的考验，最终会被时代的洪流淹没。

诚实劳动在创造物质财富的同时也在不断创造着宝贵的精神财富。倡导诚实劳动，就要坚持以诚为先、以诚为重、以诚为美，让诚实劳动创造美好生活成为亿万人民的共同追求。

知行合一　　　　　　　　　　　　　　　　　　　　　创编情景剧

以小组为单位，以"劳动最美丽"为主题，进行剧情剧创编，要求有人物、有场景、有故事情节，在班级或学院内组织演出，弘扬劳动精神。

第二节　弘扬劳模精神

话题探讨

"互联网+"的快速发展让人们的日常生活产生了巨大变化，如代购、外卖等。有的同学认为，当今时代，只要有钱就能满足一切需要，已经不需要自己劳动了。请你针对这种观点谈谈自己的看法。

课外链接 3-2

劳模是民族的精英、人民的楷模，是共和国的功臣。劳模精神是指劳动者在平凡的岗位上做出不平凡的业绩，在劳动时所坚持、坚守、坚定的基本信念、价值追求、人生境界及其展现出的整体精神风貌。在2020年11月举行的全国劳动模范和先进工作者表彰大会上，习近平总书记精辟概括了劳模精神、劳动精神、工匠精神的深刻内涵，指出劳模精神、劳动精神、工匠精神是以爱国主义为核心的民族精神和以改革创新为核心的时代精神的生动体现，是鼓舞全党全国各族人民风雨无阻、勇敢前进的强大精神动力。习近平总书记关于劳模精神的表述，为我们科学理解和大力弘扬劳模精神提供了正确的方向和指导。

新时代劳模精神的内涵是"爱岗敬业、争创一流、艰苦奋斗、勇于创新、淡泊名利、甘于奉献"（图3-2-1）。其中，"爱岗敬业、争

图 3-2-1　劳模精神宣传画

创一流"是劳模精神的本质特征，体现了劳模对国家、社会、职业的主人翁精神和时代使命感；"艰苦奋斗、勇于创新"是劳模精神的品质，体现了劳模在劳动实践中埋头苦干、奋发图强、勇于挑战、敢为人先的可贵品质；"淡泊名利、甘于奉献"则是劳模精神的价值追求，彰显了劳模默默坚守、身心投入、不求名利的职业价值观。

一、爱岗敬业

爱岗敬业是爱岗与敬业的总称，指的是忠于职守的职业精神，这是职业道德的基础。爱岗指人们应该热爱自己的本职工作，稳定、持久地在岗位上耕耘，在工作中恪尽职守。敬业指人们应该充分认识到本职工作在社会经济活动中的地位和作用，认识到本职工作的社会意义和道德价值，有职业的荣誉感和自豪感，在职业活动中具有高度的劳动热情和创造性，在工作时保持强烈的事业心和责任感。爱岗和敬业互为前提、相互支持、相辅相成。"爱岗"是"敬业"的基石，"敬业"是"爱岗"的升华。

爱岗敬业的精神在新民主主义革命时期、社会主义革命和建设时期的一代代劳模身上得到了充分的展示。革命斗争时代涌现出了一批"劳动英雄"，"边区工人"赵占魁穿着湿棉袄在高达 2 000 ℃ 的熔炉前工作，就是为了增加生产、支持抗战。中华人民共和国成立后，当家作主的工人阶级为党分忧、为国解难，全身心投入社会主义现代化建设的洪流，"铁人"王进喜立下"宁肯少活二十年，拼命也要拿下大油田"的铮铮誓言。改革开放以来，劳模开拓进取，勇立时代潮头，码头工人包起帆研发新型抓斗及工艺系统，推进港口装卸机械化，成为名副其实的"抓斗大王"。进入中国特色社会主义新时代以后，越来越多知识型、技能型、创新型的劳动者投身于中华民族伟大复兴的事业中，"金手天焊"高凤林先后为90多枚火箭焊接过"心脏"，攻克了航天焊接技术中200多项难题（图3-2-2）；中铁

图 3-2-2　焊接工人

第四勘察设计院总工程师肖明清数十年如一日，以实际行动践行着"心心在一艺，其艺必工；心心在一职，其职必举"的初心，带领团队研究和设计了"万里长江第一隧"——武汉长江隧道、"世界首座高铁水下盾构隧道"——广深港高铁狮子洋隧道等60多座大型水底隧道，多座隧道创造了全国乃至世界之最。

在这些一代代劳模身上，我们能深深体会到强烈的事业心和责任感，勇攀高峰的坚定志向和坚韧品格，以及崇尚劳动、恪尽职守的高尚情操，这些可贵的精神是国家和民族的财富，需要我们接过接力棒，不断地传承和弘扬。高职院校的劳动精神教育需要与职业道德教育、社会主义核心价值观教育结合起来，在我们的学业生活和职业实践中培养爱岗敬业精神。

拓展视窗

全国劳动模范

全国劳动模范是党中央、国务院授予在社会主义建设事业中做出重大贡献者的荣誉称号，目的是弘扬劳模精神，弘扬劳动精神，弘扬中国工人阶级和广大劳动群众的伟大品格。1950年至2020年，我国先后召开16次表彰大会，表彰全国劳动模范和先进工作者超过3万人次。从20世纪90年代开始，全国劳模表彰大会每5年召开一次。

对全国劳动模范和先进工作者进行表彰，是对当代工人阶级和人民群众爱岗敬业、艰苦奋斗、无私奉献的优秀品质和求真务实、勇于创新、开拓进取的时代精神的一次盛大的集中展示。"爱岗敬业、争创一流，艰苦奋斗、勇于创新，淡泊名利、甘于奉献"是劳模精神，也是成为劳模的必备条件。如今，我国经济已进入高质量发展阶段，需要更多知识型、技能型、创新型劳动者，只要有想法、肯干事、敢创新，任何人都有机会成为劳模。

2020年受表彰人选具有三个突出特点：一是具有很强的政治性和先进性；二是具有广泛的代表性和群众性；三是树立了一批抗疫先进典型。

二、争创一流

一份职业，一个工作岗位，既是人类赖以生存的基础，也是人类社会得以发展的前提。在工作岗位中表现出的争创一流的精神，是对爱岗敬业的完美诠释，也是实现个人价值的迫切需求。争创一流就意味着有更高更严的要求。在新时代争创一流，必须着眼于有挑战性的任务，从细处着手、从实处着力，认真贯彻执行每一个工作环节，让自己在高标准、严要求下完成目标任务。

"社会主义是干出来的，新时代是奋斗出来的。"2013年以前，我国2 000吨以上的大型履带式起重机全部依赖进口，价格、售后服务等受制于人，造出中国自己的"超级起重机"是徐工集团高级工程师孙丽的梦想。2013年，经过孙丽和团队的大力攻关，4 000吨级履带起重机在山东烟台成功完成"首秀"，实现了我国在超大吨位履带式起重机研发制造领域的突破。该设备创造性地采用模块化、集成化设计，填补了国内的技术空白。为了这个梦想，孙丽和团队整整奋斗了23年。

"世事间，做于细，成于严。"对待每一项工作，只要用情、用心、用力，树立高标准、严要求，不放过任何细节，就一定能做出成绩。

拓展视窗

全国五一劳动奖章

全国五一劳动奖章是全国总工会为奖励在社会主义现代化建设事业中做出突出贡献的职工而颁发的荣誉奖章，是中国工人阶级最高奖项之一。奖章围绕"劳动最光荣，劳动最崇高，劳动最伟大，劳动最美丽"的理念进行设计，彰显"民族的精英，人民的楷模，共和国的功臣"，体现时代先锋的荣誉感。

奖章融合"齿轮""书籍""旗帜""五星""天安门""祥云""麦穗"等造型。"齿轮"象征着工人阶级；"书籍"象征着教育及文化事业的工作者；"旗帜"象征先锋、引领、信念和凝聚力，寓意每名受奖者都是行业的一面光辉旗帜；"五星"和"天安门"取自国徽，象征中国；"祥云"象征"渊源共生，和谐共融，携手共创"；"麦穗"象征着劳动者创造的硕果累累。奖章整体以金色为主，绶带以代表中国的红黄两色为主，象征荣耀；动感曲线，寓意时代发展和经济建设。

全国五一劳动奖章获得者的基本条件是：政治坚定、思想先进，道德高尚、作风务实，学习努力、爱岗敬业，勤俭节约、勇于创新，服务人民、奉献社会，在本职岗位上取得突出业绩，为社会主义经济建设、政治建设、文化建设和社会建设作出突出贡献，一般在获奖前获得过省部级表彰。

三、艰苦奋斗

"艰难困苦，玉汝于成"（出自《正蒙·乾称篇》）。艰苦奋斗是一种不怕艰难困苦、奋发图强，乐于为国家和人民的利益奉献的斗争精神。艰苦奋斗也是一种开创精神，即在与艰难困苦的抗争中，奋发进取，辛勤创业。艰苦奋斗更是一种奉献精神，即勇于为国家和人民利益奉献自我。

"宝剑锋从磨砺出，梅花香自苦寒来"（出自《警世贤文·勤奋篇》）。从古至今的实践表明，只有继承和发扬艰苦奋斗的精神，社会主义建设才能取得最终的胜利，国家才能走向强盛。古有"凿壁偷光"的匡衡，今有"最美奋斗者"杨善洲、初心不改的张富清，从三峡工程、探月工程到北斗导航全球组网、首艘国产航母正式列装，一项项辉煌的成就都离不开艰苦奋斗，这凝结着新时代奋斗者的心血和汗水，彰显了不同凡响的中国风采、中国力量。

全国劳动模范徐虎是上海房管行业的一名普通水电工，他十几年如一日坚持夜间开箱，为人民服务，得到人民群众的一致赞扬。徐虎的艰苦奋斗精神，就体现在他解决困难的方式方法上。当他面对休息与工作的矛盾时，他积极主动地为居民排忧解难，用"辛苦我一人，方便千万家"的精神谱写了一曲新时代的雷锋之歌。

大学阶段是世界观、人生观、价值观不断固化的关键时期，高校的主要任务之一便是帮助学生树立正确的"三观"。艰苦奋斗是一个民族、一个国家奋发图强的重要法宝，有助于增强大学生的使命感、责任感。因此，计划性地实施艰苦奋斗教育，有助于学生在人生道路上学会吃苦，在实践中经受考验，树立崇高的理想和远大的志向，勇于担起国家和民族的重任，甘愿为社会和人民做贡献。

知行合一　　组织一场辩论会

请围绕"体力劳动是否低人一等"组织一次班级辩论会，分为正反两方，对此辩题进行充分探讨。

四、勇于创新

劳动不仅需要辛勤、诚实，更需要创新，即通过技术、知识、思维的革新，更好地实现自主劳动，创造更多的财富。创新是劳动实践的发展方向和目标，是建设创新型国家、实现中国梦的必要措施，也是劳模精神不断发展、与时俱进的时代内涵。

对创新精神的深刻认识，有利于劳动者充分发挥主观能动性。人的主观能动性在改造客观世界中具有无限性，"为有牺牲多壮志，敢教日月换新天"。对于劳动者个体来说，创新表现为一种追求、一种信念，是人的才能的最高表现形式。每一位取得卓越成就的人，无不是敢于创新的。对于一个民族和国家来说，创新是民族进步的灵魂，是国家兴旺发达的不竭动力。创造性劳动推动了人类不断进化，成为人类社会发展的根本力量。新时代提倡勇于创新的劳模精神，不仅可以提高我们建设创新型国家的自觉性，还可以提高我们推动社会发展的能力。

来自航空工业西安飞机工业（集团）的薛莹是一个"航二代"，为了让安装到飞机上的每一颗铆钉都做到质量过硬、外观漂亮，她和同事们一直致力于改进操作方法和工艺流程，先后交付的7 000余份优质垂直尾翼赢得国际航空制造合作公司的高度认可。

新时代的大学生应在劳动实践中加强创新意识和创新能力的培养。要学好基础知识和专业知识，并擅于总结前人的经验和教训，发现和改进不足，迎难而上，取得成果。要培养独立思考的习惯，培养创新意识和创新能力既要掌握一定的思维方法，如发散思维、类比思维、横向思维、逆向思维、批判思维等，又要敢于实践，检验自己的知识储备、实践能力，并在实践中发现创新的乐趣。要积极参加各类创新创业大赛，如全国大学生机器人大赛、全国大学生软件创新大赛、中国"互联网+"大学生创新创业大赛等，从而拓宽视野，增长知识经验，锻炼思维水平，提升创新能力和实践能力（图3-2-3）。

图3-2-3 提高实践能力

拓展视窗

创新就是挑战"不可能"

0.00068毫米的加工公差意味着什么？这相当于头发丝直径的1/125，连数控机床都难以实现。这不可思议的加工公差出自方文墨之手。这位航空工业沈阳飞机工业（集团）首席技能专家说："开始很多人说我不适合干这行，但我既然选择了，就一定要做到最好。"凭着追求"最好"的劲头，他不断挑战打磨精度的边界，让"文墨精度"名震业内。

一片钢板能够薄到什么程度？太钢集团不锈钢"手撕钢"创新研发团队不断给出新答案。2018年，在经历700多次失败、攻克175个设备难题和452个工艺难题后，这支团队自主研发的0.02毫米"手撕钢"成功面世，有效破解了制约我国高精尖领域长远发展的材料难题；2020年9月，团队再次突破极限，轧出了光如镜、质地硬、仅厚0.015毫米的"手撕钢"。团队技术员廖席说："创新是什么？是干别人干不了的，挑战不可能！"

劳动者的字典里没有"不可能"。无数像方文墨、太钢集团创新研发团队这样的劳动者及团队，以争创一流、勇攀高峰之志，赋予劳动精神丰富的时代内涵。

五、淡泊名利

世界上除了名利之外，有更高的境界和价值值得我们为之奋斗、为之奉献，乃至牺牲。劳模们把个人追求与国家发展、社会进步紧密联结在一起，以淡泊名利、无私奉献的人生境界和高尚品格拓展了生命的维度，为我们留下了宝贵的精神财富。

在劳模身上，我们能深刻地感受到他们对信念的坚守、对名利的淡泊，怀着对祖国的满腔热血、对理想的不懈追求、对事业的无限热爱，他们立足平凡的本职岗位，竭尽全力、鞠躬尽瘁，成为引领社会风尚不可或缺的先锋人物。叶志成是浙江省劳模，也是国网温州市洞头区供电公司线路安装队队长，自参加工作以来，他在电网建设一线岗位上一干就是35年。在电网建设任务极其繁重的时候，他每天起早贪黑、跋山涉水，放弃节假日休息时间，与施工队员一起拉线、排杆、立杆，在野外常常一待就是十几个小时。

伟大的时代呼唤伟大的精神，崇高的事业需要榜样的引领。我们要向劳模看齐，正确看待工作与生活中的苦与乐、得与失、利与弊，培养积极的价值取向，无论贫富贵贱、穷达逆顺，都要始终保持定力、坚守初心，克服急功近利的浮躁，远离追名逐利的彷徨，不谋一己之得失，而忧事业之兴衰。无论从事什么工作，都要始终做到吃苦在前、享受在后、任劳任怨、脚踏实地，争做不务空名的行动者和兢兢业业的奉献者，成就有价值的人生。

六、甘于奉献

奋斗是有光芒的，这个光芒不仅照亮了自己，也照亮了国家的美好未来。甘于奉献是劳动者的精神根基，很多时候体现在平凡的岗位上，体现在日复一日的坚守中，体现在忠诚、执着、朴实的品格里。劳模身上的无畏、无私、无悔，大仁、大勇、大爱，本质上是爱国情怀、家国大义的最好诠释。把模具精度控制在 1 微米之内，是全国劳模、无锡微研股份有限公司高级技师陈亮的拿手绝活；"80 后"全国劳模杨普，自创了"双套结"接线头手法，年创造直接经济效益近 500 万元；王继才默默守护海岛 32 年，获得荣誉后仍坚持巡岛、观海、写日志。这些劳模让我们看到了劳动者的靓丽风采，是国家发展中最耀眼的"风景线"（图 3-2-5）。

图 3-2-5　劳动者在工作

当代大学生要培养"为天地立心，为生民立命"的胸怀和气度，坚持以德修身、以德立规、以德定行，在工作面前"争"、在名利面前"让"，在道德修养、业务技能和工作业绩上向劳模看齐，全身心地投入为社会谋发展、为人民谋福祉的工作中。

知行合一　　组织一次演讲比赛

在教师的指导下,以"我心中的劳模"为主题在班级里开展一次演讲比赛。要求:结合自己读过的劳模故事,从"爱岗敬业、争创一流、艰苦奋斗、勇于创新、淡泊名利、甘于奉献"六个方面的劳模精神中选取1~2个,谈谈自己对劳模的认识和对劳模精神的感悟。

第三节　传承工匠精神

话题探讨

有人认为，在工业时代提倡工匠精神已经没有太大意义了；也有人认为，工匠精神是一种内卷。对于这些观点，你怎么看？

课外链接 3-3

　　工匠精神的内涵是"执着专注、精益求精、一丝不苟、追求卓越"。其中，"执着专注"是精神状态，是时间上的坚持、精神上的聚焦；"精益求精"是品质追求，是质量上的完美、技术上的极致；"一丝不苟"是自我要求，是细节上的坚守、态度上的严谨；"追求卓越"是理想信念，是理想上的远大、信念上的高远。工匠精神是职业认同，也是价值传承，做一件事不难，做好一件事很难，把一件事做到极致尤其难，因为这意味着必须数十年如一日地忍受寂寞、忍受失败、忍受常人无法忍受的艰辛。工匠精神既体现了敬业之美的精神原色，又表现了创造之美的品质追求，更展现了追求之美的价值升华。

　　在人类发展的历史长河中，不论是农耕时代，还是工业时代，工匠精神都为推动科技进步和生产发展提供了强劲动力。中国自古就有工匠精神的厚实土壤，涌现出了一大批能工巧匠，如鲁班、李春、李冰、沈括等。从长城、故宫的宏大壮观，到瓷器、丝绸的精美雅致；从《诗经》吟诵的"如切如磋，如琢如磨"，到庄子笔下的庖丁解牛"游刃有余"；从古代民间的各种手工技艺，到今天位居世界前列的制造大国，工匠精神始终引领着中国制造、打造中国品牌（图 3-3-1）。

"三百六十行，行行出状元"，这个"状元"指的就是行业杰出人物。状元需要有"择一事终一生"的执着专注、"干一行钻一行"的精益求精、"偏毫厘不敢安"的一丝不苟、"千万锤成一器"的卓越追求，工匠精神就是对这种要求生动、精准的表述。

图 3-3-1　打造一流产品，塑造中国品牌

一、执着专注

执着专注的工匠精神是时间上的坚持、精神上的聚焦，始终坚守一项事业，把工作做到极致，体现出心无旁骛、坚如磐石、锲而不舍的人生追求和精神品质。"匠心"就是用心，是不达目的不罢休的执着坚守。

伟大出自平凡，英雄来自人民。大国工匠们往往都有"择一事终一生"的执着专注精神。在"中国航空发动机之父"吴大观的身上，集中体现了爱党与爱国、理想与现实、做事与做人的统一。他年幼时经历了动乱，看到敌机投下的炸弹燃着黑烟，伴着哭嚎，他立志投身于祖国的航空事业，把自己的人生与国家的前途、民族的命运紧紧联系在一起。吴大观组建了新中国第一个航空发动机设计机构，领导研制了我国第一个喷气发动机型号，创建了我国航空史上第一个发动机试验基地，主持建立了第一套有效的航空发动机研制规章制度，他从零起步，坚守报国的初心。爆炸力学与核试验工程领域专家林俊德扎根大漠 50 余载，把青春全部献给了祖国的核事业。身患绝症后，他与死神争分夺秒，拖着虚弱的身体仍坚持工作。他说："我这辈子只做了一件事，就是核试验，我很满意。""杂交水稻之父"袁隆平从发现第一棵雄性不育株开始，到巨人稻、海水稻、去镉稻的大面积种植，这其中遇到了许多困难，但他凭着耐心、韧性和智慧将困难一一化解。一批批大国工匠在平凡的岗位上成就了不平凡的业绩。

随着当今社会高质量发展，我国制造业将通过"增品种、提品质、创品牌"的方式全面提升整体水平与形象，这需要一大批潜心基层、立足岗位、孜孜以求的大国工匠。广大青年要站在中华民族伟大复兴的全局高度，秉承执着专注的工匠精神，增强职业荣誉感和自豪感，保持忠诚担当的品质，立足平凡岗位，将个人价值实现、事业发展和为社会、为人民做贡献联系在一起，不畏艰苦，砥砺前行。

二、精益求精

精益求精，是指已经做得很好了，还要做得更好。这里是指劳动者以凝神聚力、锲而不舍、追求极致的职业品质去对待每件产品、每道工序、每个工作环节。具体来说，精益求精的工匠精神表现为对品质的完美追求、对质量的严格要求、对工艺的推陈出新、对技术的熟练掌握、对创作的不遗余力（图3-3-2）。

图3-3-2 技术精湛，创优争先

精益求精的精神往往能让一个人练就炉火纯青的技艺。中铁二局二公司的"爆破王"彭祥华，靠着一股钻劲，练就在软若豆腐的岩层上实施精准爆破的绝活。他对超前地质预报的测量、炮孔间距和深度的计量、炸药分装，都是以毫米、毫克为单位，控制得十分精确。经过他装填后的炸药，爆破出来的掌子面十分平滑，从未出现过超挖欠挖的现象。全国技术能手刘永刚从军队转业来到西南铝锻造厂时，看到工人们每天靠近400多度的高温模具和铝锭"打交道"，满脸油污、挥汗如雨，深感工人的不易，于是他决定对工艺进行优化。此后，他每天都早来晚走，为了拿捏准确的"火候"，刘永刚反复试验，往往一天要工作十几个小时。凭着对工艺优化、尺寸拿捏、操作精度三者完美结合的不懈追求，刘永刚独创出"卡环操作法"。他先后参与"长征"系列火箭、"神舟"系列飞船、"嫦娥"工程铝合金锻件材料的生产试制任务，还实现了5项历史性的突破。熟能生巧，艺无止境，工匠们在精益求精中成为行业"绝活"的创始人、传承者。

这些大国工匠的事迹启示我们，只要立足岗位，肯学、肯干、肯钻研，把毕生精力倾注于一个个零件、一道道工序、一次次试验，就一定能练就一身真本领、掌握一手好技术，在劳动中发现广阔的天地，在劳动中实现价值、展示风采、感受快乐。

精益求精是人的优秀品质，必须从细微处认真培养。大学生培养精益求精的品质可以从以下三个方面入手：一是要坚持从小事做起。每做一件事，都应竭心尽力，力求完善，让精益求精变成一种自觉、一种态度、一种习惯。二是要严格自律。以更加严格的标准要求自己，这意味着做同一件事时，要花费更多的时间和精力。在做一件事时，切不可满足于"还不错""差不多""可以了"，要秉持严谨、细致、求实的工作作风。三是要持之以恒。好习惯、好品质的养成不是一朝一夕就能完成的，而需要日复一日、年复一年的坚持。学习和弘扬精益求精的精神，就要坚持以勤学长知识、以苦练精技术、以创新求突破，努力成为知识型、技能型、创新型的新时代劳动者。

拓展视窗

世界技能大赛

世界技能大赛是迄今全球地位最高、规模最大、影响力最大的职业技能竞赛，由世界技能组织每两年举办一次，被誉为"技能奥林匹克"，是世界技能组织成员展示和交流职业技能的重要平台。世界技能大赛在47个技能门类中设定了国际标准，内容涵盖艺术创作与时装、建筑与工艺技术、信息与通信技术、制造与工程技术、社会与私人服务、运输与物流等。一个国家或地区在世界技能大赛中取得的成绩在一定程度上代表了这个国家或地区的技能发展水平,反映了这个国家或地区的经济技术实力。

三、一丝不苟

一丝不苟形容做事十分认真、细致,一点儿也不马虎,它是一种工作态度,是考虑事情细致周全、做事情高度负责认真、敢于担当的职业道德。工匠精神里的一丝不苟是一种自我要求,是细节上的坚守、态度上的严谨,不心浮气躁、不好高骛远,把事情做得出彩、做出成绩。

只有从精细之处入手才能造出巧夺天工的精品,铸就不凡的成就。河北省赵县的洨河上有一座存世 1 400 多年、举世闻名的石拱桥——赵州桥(图 3-3-3)。赵州桥是世界上现存最早、保存最好、跨径最大的单孔敞肩型拱石桥。这座大桥结构奇特、造型美观、工艺精巧,千余年来经历了多次地震的冲击、战争的考验,饱经风霜,至今巍然屹立。赵州桥凝聚了隋代著名桥梁工匠李春的智慧、汗水和心血。在那个没有大型工程机械的时代,李春与千百个工匠一起,以一丝不苟的态度,精心打磨每一个细节,为人类建筑文明创造了奇迹。

图 3-3-3 赵州桥

当前,我国进入"十四五"时期,这是乘势而上、开启全面建设社会主义现代化国家新征程、向第二个百年奋斗目标进军的第一个五年。中国制造要实现由"大"至"强"的转变,必须要打造一批有国际影响力和竞争力的民族品牌。千千万万来自各行各业的劳动者也正在为实现这个目标努力,将自己的心血与精力倾注在手中的每一件产品上。正因有他们，越来越多优秀的民族品牌不断涌现，走出国门、走向世界。在中国商飞上海飞机制造有限公司高级技师、数控机加车间钳工一组原组长胡双钱心中，"每个零件都关系着乘客的生命安全"。在国产大飞机C919的研发和试飞阶段，他担任首席钳工，从事最为精细的重要零部件加工工作，做到了让人叹为观止的"零差错"，他也因此被称为"航空手艺人"。大飞机作为"国家名片"，是中国制造强国的重要体现。胡双钱等一大批"大国工匠"，用一丝不苟的精神铸就了中国制造的金牌品质。

小到一枚螺丝钉、一根电缆的打磨，大到飞机、高铁等大国重器的锻造，一丝不苟的精神展现出了工匠们笃实专注、严谨执着的匠心（图3-3-4）。就像我国传统的千层底布鞋，每一层都是实实在在的匠心。据说一双标准的千层底布鞋，必须精心选择布材，所用的标准制作工序有40多个，共不少于2 100针，尺寸手法还不能不准。大学生学习和弘扬一丝不苟的工匠精神，必须牢固树立求真务实的观念，保持严谨细致的工作作风，无论在从事何种工作，都必须认真对待、细致做好，不能有一丝一毫的马虎。一是要坚定理想信念，保持思想纯洁，坚守精神家园，把高远的理想践行于实际工作中。二是要注重学习，坚持勤于思考、勇于实践，善于融会贯通，把学到的知识应用于实践中，这样才能让自己的能力不断得到提高。三是要弘扬优良作风，做到认真负责、严谨细致、敢于担当，不论做何种工作，都应以一种高度负责的态度完成。

图3-3-4 一丝不苟的工匠

四、追求卓越

"追求卓越"是工匠的职业价值旨归,即理想上的远大、信念上的高远,永远不满足、不停顿,一直向着更高、更好、更精而努力。工匠们一生追求卓越,是为了在行业保持顶尖水平。无论是在传统农耕社会,还是在现代工业化时代,扎实的专业知识、精湛的专业技艺都是工匠安身立命之根本,不断超越自我、勇攀行业顶峰是匠人的毕生追求。

古文《核舟记》中这样夸赞雕刻者的精湛技艺:"游削于不寸之质,而须麋了然。"春秋时期的"鲁之巧人"鲁班,《墨子》载其"为楚造云梯之械",能"削木以为鹊,成而飞之"。相传,他在实践中发明了钻、刨子、曲尺、墨斗等多种木工工具,将当时的人们从原始、繁重的手工劳动中解放出来,极大地提高了工作效率。今天,大国工匠们汲取和传承了古人优秀的工匠精神,续写了时代传奇。中国航天科工二院283厂高级技师常晓飞可以用比头发丝还细0.05毫米的刻刀刀头,在直径0.15毫米的金属丝上刻字,该技术被国家评为"中华十大绝技"。面对国外的封锁,摄影测量与遥感专家刘先林一无现成图纸、二无参考资料、三无资金支持,带领团队从零起步,开拓出一条引领测绘装备国产化的创新之路。最近10年,他研发的SSW车载激光建模测量系统达到国际先进水平,代表了未来测绘地理发展的趋势。

立足新发展阶段、贯彻新发展理念、构建新发展格局,需要一大批具有工匠精神的高素质技术技能人才。青年学生要在新时代的广阔天地中立志担大任、干大事、成大器、立大功,从工匠故事中感受劳动之美、品质之美、时代之美,从工匠精神中汲取一往无前的力量,磨砺技艺,不懈努力,书写不凡的人生,为社会发展做出应有的贡献。

劳动精神、劳模精神、工匠精神是中华民族宝贵的精神财富,是以爱国主义为核心的民族精神和以改革创新为核心的时代精神的生动体现。虽然内涵不同，但三者之间是紧密联系、相互作用的（表3-3-1）。要学懂弄通三者之间的关系，领会其时代内涵与时代价值，为自觉培养和弘扬三种精神打下基础，练就过硬本领，做精神的传承者、弘扬者、发展者。

表 3-3-1 劳动精神、劳模精神和工匠精神的相关特征

"三种精神"的主体与关系	主体不同	劳动精神来自劳动者群体
		劳模精神来自劳模群体
		工匠精神来自工匠群体
	内涵相通	产生主体都是劳动者的一员，其精神渊源皆出自劳动精神。劳模精神和工匠精神在本质上也是一种劳动精神，是劳动精神向更高层次、更高面向的跃升
"三种精神"的具体描述		劳动精神是作为一个合格的劳动者应该具备的精神特征，即"崇尚劳动、热爱劳动、辛勤劳动、诚实劳动"，也就是要具备想干、爱干、苦干、实干的基本劳动素养
		劳模精神是作为一个模范的劳动者应该具备的精神特征，即"爱岗敬业、争创一流、艰苦奋斗、勇于创新、淡泊名利、甘于奉献"，也就是要具备"有理想守信念、懂技术会创新、敢担当讲奉献"的卓越劳动素养，具有信仰坚定、胸怀全局、担当奉献、引领示范等精神品质
		工匠精神是作为一个专业的劳动者应该具备的精神特征，即"执着专注、精益求精、一丝不苟、追求卓越"，也就是要具备"懂技术、肯钻研、重品质"的专业劳动素养
"三种精神"的价值导向		劳动精神具有普遍性、广泛性、基础性
		劳模精神具有政治性、引领性、示范性
		工匠精神具有专业性、技术性、严谨性

知行合一

完成"三个一"实践任务

参加"三个一"活动，即：聆听一次劳模专场报告；观摩一次精湛技艺的表演；寻访一位专业技能大师。

案例品读　　邹彬："砌"出来的"大国工匠"

从小山村到人民大会堂有多远？从泥瓦匠到大国工匠有多远？"95后"小伙邹彬有答案。

出生于小山村的邹彬，初中毕业后就跟着父母到建筑工地打工，搅砂浆、搬砖头、砌墙，苦活脏活都不挑。刚入行时，他常被工友们笑"傻气"，因为当时工地上实行计量发薪水，砌墙越多工钱越多，但只要砌得不美观，他就推倒重砌。

"一定要坚持自己的标准，才过得了心里那一关"——"工匠精神"正在邹彬身上悄悄萌芽。2015年，为参加世界技能大赛，邹彬在长沙建筑工程学校的集训基地进行训练。靠着练就的砌墙绝活，邹彬被中建五局推荐参加第43届世界技能大赛，一路过关斩将拿到砌筑项目优胜奖，实现了中国在这一奖项上零的突破。

"为国出征，吃再多苦我也不怕！"回忆备战时日，由于读书少，他对几何知识、图形测算几乎无法理解，直接影响了作品效果。经过反复训练、强化理论课程，8个月后，他终于能精确计算出各种图形数据。

因表现卓越，他被中建五局总承包公司聘为项目质量管理员，成立了"小砌匠"创新工作室。2018年，邹彬成为全国人大代表，是湖南代表团中最年轻的一员。他常说"要为建筑工人代言"。近些年，邹彬陆续到黑龙江、北京、上海调研，提交了10多份关于加强职业技术教育投入、新生代农民工就业技能培训等方面的建议。

"三百六十行，行行出状元"。他期望能有越来越多的产业工人提升技能水平，成长为"大国工匠"，为实现伟大复兴中国梦贡献力量。

案例解读

平凡闪耀着劳动的光辉，拼搏成就人生的精彩。邹彬从一位打工者成长为全国人大代表和世界技能大赛优胜奖的获得者，不是偶然。执着专注、精益求精、一丝不苟、追求卓越的工匠精神是激励他一路前行的精神动力。在践行工匠精神的过程中，他不仅成就了自己的事业，也实现了个人的价值，收获了劳动的喜悦和乐趣。

第四章
劳动安全与法规

千里之堤,溃于蚁穴。
——《韩非子·喻老》

管理是一种严肃的爱。
——西洛斯·梅考克

学习目标

1. 知识目标:了解劳动安全、劳动保护的内涵及劳动法律法规的有关知识
2. 能力目标:能运用法律手段维护劳动权益
3. 素质目标:具备安全意识和遵守法律法规的意识

牛刀小试

认真阅读下列问题,结合个人实际情况进行作答。

序号	问题	选项
1	你对上岗前必须集中培训学习怎么看	□很有必要 □有一定作用 □浪费时间,没有必要
2	你知道哪些常见的劳动保护用品	请列举:_____
3	发生安全事故后,你知道该如何处理吗	□清楚处理流程 □知道一些 □不知道怎么处理
4	公共场所、工业企业、建筑工地上常常有很多安全标志,你都明白其中的含义吗	□大部分都知道 □没太在意,和我关系不大 □形式主义,实际用途很小
5	在用人单位工作时,是不是一定要签订劳动合同呢	□一定要 □无所谓 □不需要
6	用人单位招人的时候只和你签订了"试用期"合同,你能接受吗	□不符合法律规定,不接受 □可以接受,比较自由 □看情况而定
7	劳动保护主要针对的是实操工人,办公室文职人员可以不用了解相关内容	□不是,文职人员也需要明确相关内容 □文职人员应该用不到 □文职人员只是不用参加安全生产的培训
8	用人单位要求你不得在试用期内解除劳动合同,否则需要赔偿培训费用,你能接受吗	□坚决不接受 □可以接受,应该不会在试用期内离开 □根据情况而定
9	公司在让你签订劳动合同的同时,再签署一份"员工手册"或者"公司规章制度",你会怎么做	□不用看,直接签,是规定流程 □仔细阅读,看看是否合理再决定 □拒绝签订
10	签劳动合同时,有人说"签了三年的卖身契""一下子签了五年,感觉自己青春都没有了",对此你怎么看	□有同感 □不赞同,工作也有价值 □无所谓,反正有工资

第一节　劳动安全

话题探讨

校园生活需要注意哪些安全？从事劳动生产需要注意哪些安全？

课外链接 4-1

一、安全与劳动安全

"安全"在字典中的解释是"没有危险，不受威胁"，这是人类生存与发展的最基本的要求，也是生命与健康的基本保障。

劳动安全又称职业安全，是指在生产劳动过程中防止出现危险、确保劳动者的人身安全，具体表现为：防止中毒、车祸、触电、塌陷、爆炸、火灾、坠落、机械外伤等危及劳动者人身安全的事故发生。劳动安全是劳动者享有的在职业劳动中人身安全获得保障、免受职业伤害的权利。安全生产是保护劳动者安全健康、保证国民经济可持续发展的基本条件。

二、劳动安全意识

当前，各行业、各企业在强化安全管理、落实安全责任等方面已经形成了比较全面和细致的管理规范和操作规程，但是在有些生产和施工现场仍然存在违规违章的现象和安全隐患，甚至出现安全事故，这主要是因为很多劳动者安全意识不强。人只有具备安全意识，才会有安全行为；有了安全行为，才能保证安全。因此，保障劳动安全最根本的就是要增强劳动者的安全意识，让每一名劳动者真正把"安全为天"的思想牢记于心，把"安全第一，以人为本"的理念作为一切工作的出发点和落脚点，做到在工作中及时预见隐患、消除隐患，实现真正的安全生产。

1. 做好形势预测，坚持预防第一

"凡事预则立，不预则废。"确保劳动安全最好的措施就是坚持"安全第一，预防为主"的方针（图 4-1-1）。为此，要严格落实安全生产形势分析制度，始终保持清醒的头脑，查找生产中的不安全因素和各类事故的隐患苗头，及时采取整改措施，防患于未然。要主动学习，如学习安全生产法、安全生产条例等，不断增强法纪观念，在工作中自觉按法律法规办事；学习专业法规，了解专业要求，明确应该做什么，不该做什么；学习设备操作手册，熟悉机器设备的技术性能、操作规程、使用注意事项，有效增强安全意识，规范劳动行为。要对保障安全生产的工具进行必要的资金投入，安全标志、安全设施、安全设备等要做到齐全完好，以防万一。

图 4-1-1　安全第一

2. 做好安全教育，强化安全意识

在人脑中所形成的观念和意识支配着人的行为，即习惯性行为。但是，形成一种意识需要经过一定的时间。而要改变人们身上的不良习惯，必须首先转变人们思想上的不良观念和意识。因此，做好安全生产宣传教育是增强安全意识的基础和前提。坚持做到时时讲安全、处处讲安全、事事讲安全，将"安全第一"的思想灌输给劳动者，使其从思想上解决"要我安全"还是"我要安全"的问题。既要定期进行安全生产教育，严格落实好安全教育制度，又要根据不同人员、不同时段和不同工作的任务性质和特点，有针对性地进行安全教育；既要突出常见事故预防知识的引导，又要抓好突发性事故的教育，尤其要抓好警示教育，通过以往痛心的事故案例唤起劳动者保护生命的安全意识，使劳动者用严肃的态度对待安全问题，积极主动地参与安全管理活动，杜绝各类事故的发生。

3. 落实培训制度，提高人员素质

人员素质是安全生产的重要保证。要提高人员素质，培养良好的作业行为，必须坚持不懈地做好培训工作。培训工作既要有持续性和严肃性，也要有针对性和实用性，还要突出实效性和创新性。严格落实安全生产的各项培训制度，坚决做到不培训不上岗（图4-1-2）。一要抓好岗前培训工作，在上岗前集中学习，使劳动者在工作前掌握相关技能，增强防范意识。二是要定期培训，落实好特殊岗位劳动者的定期培训制度，抓好新工艺、新技术、新材料、新设备、新产品岗位人员的培训。三是强化考核，要根据岗位要求制定出培训计划，认真指导培训，定期进行考核，并将考核情况与转正定级、上岗任职挂钩。

图4-1-2 安全生产培训

4. 相互谈心交心，重视心理健康

实践表明，劳动者的心理变化与事故的发生有一定的联系，尤其是当一个人受到挫折而烦闷痛苦时，安全意识往往被淡化和忽视。在实际工作中，班组组长和安全员要注意经常提醒劳动者，做到班前有交代、工作时有要求、下班后有小结；还要注重把握劳动者的思想脉搏，通过面对面谈心、交心，解疙瘩、化矛盾、稳情绪。尤其在劳动者生病、受挫和家庭发生重大变故时，及时了解劳动者的心理变化，确保其不带情绪上岗，时刻绷紧安全这根弦。

5. 坚持经常检查，消除安全隐患

要对安全制度的落实情况、安全设备的运行情况、安全常识的掌握情况进行定期和不定期的检查，对发现的隐患要抓住不放，查原因、讲危害、追责任、抓整改，尤其是对于易发、频发的事故，要进行专项整治，不彻底根除不罢休，在检查落实中增强安全意识。

6. 定期考评交流，做到奖惩分明

每一项工作、每一个阶段的工作完成后都要有安全意识讲评，对于做得好的要表扬，有疏漏的要批评；讲评时要严肃认真，不能轻描淡写；要贯彻赏罚分明的原则，奖优罚劣、重奖严罚，确保劳动者在心灵上受到触动，增强其做好安全生产工作的主动性和自觉性。发现严重事故隐患或不良倾向时，要及时进行专项整顿；整顿要有声势，要解决问题、剖析典型，严格法规法纪，以此警示劳动者。注重抓积极因素，善于运用典型案例激发劳动者增强安全生产的意识，对安全生产意识强、安全生产工作成效显著的单位和个人，要适时组织经验交流，如"我为安全生产进一言"主题演讲、安全工作先进报告会等，在相互交流中强化安全意识。在生产工作中，技术水平较高的劳动者与较低的劳动者相组合、老师傅与新人相组合、性格激进的与性格稳重的相组合，以及根据知识水平、思想意识、心理反应、工作态度、身体状况等因素，劳动者进行有机组合，这既可以满足安全生产工作的要求，又可以互相帮助、互相学习、互相促进，从而实现共同进步。

7. 创建安全文化，营造安全氛围

安全文化是指在文化传统、规章制度、企业文化的作用下，形成的安全态度、安全价值观、安全行为准则等。建设安全文化的重要意义就是在单位内形成一个强大的文化氛围，使每位劳动者的行为被规范在这种安全价值取向和行为准则之中。用安全文化造就具有完善的心理素质、科学的思维方式、高尚的行为取向和文明的生产生活秩序的现代人，使每一个劳动者在正确的思想观念的指引下、在安全文化的感召中，高度自觉地按照安全制度准则规范自己的行为，并能有效地保护自己和他人的安全与健康，同时又确保各类生产作业活动的顺利进行。

> **拓 展 视 窗**
>
> **安全生产月**
>
> 经国务院批准，由国家经委、国家建委、国防工办、国务院财贸小组、全国总工会和中央广播事业局等十个部门共同作出决定，于1980年5月在全国开展安全生产月（1991—2001年改为"安全生产周"），并确定今后每年6月都开展安全生产月，使之经常化、制度化。
>
> 2021年6月1日，国务院安委会办公室、应急管理部在北京举行2021年全国"安全生产月"活动启动视频会议，主题为"落实安全责任，推动安全发展"。全国各地结合实际开展了一系列形式多样、内容丰富的特色活动，引导全社会进一步树牢安全发展理念，落实安全责任，防控安全风险，推动安全发展。

三、劳动保护

劳动保护是国家和单位为保护劳动者在劳动生产过程中的安全和健康所采取的立法、组织和技术措施的总称。它是指根据国家法律、法规，依靠技术进步和科学管理，采取组织措施和技术措施，消除危及人身安全健康的不良条件和行为，防止事故和职业病，保护劳动者在劳动过程中的安全与健康，其内容包括劳动安全保护、劳动卫生保护、女工保护、未成年工保护、工作时间与休假制度。此外，为了减少职业危害，劳动者在工作时还应佩戴符合要求的劳保用品。

（一）劳动安全保护

为了改善劳动条件，避免有毒有害物质危害职工健康，防止职业中毒和职业病，在生产中所采取的技术措施就是劳动安全保护。它主要解决威胁职工健康的问题，实现文明生产。《中华人民共和国劳动法》（以下简称《劳动法》）和其他相关法律、法规制定了劳动安全技术规程。我国现行的安全技术规程主要有以下几个方面。

1. 建筑物和通道的安全

根据国家的设计标准，不同工厂的厂房设计应符合相应的规范。例如，装有天车的厂房及装有重型机械、锻锤等设备的厂房，建筑设计应特别注重坚固性；化工、冶炼等工厂，防火设施要求较高；各厂矿的通道按设计标准有宽度的要求；在照明设备、轨道交叉处必须有警告标志、信号装置或落杆，在与地面平行的坑池或危险设施设备旁要设围栏或盖板等（图4-1-3）。

图4-1-3　安全围栏

2. 机器设备的安全

机器设备的安全装置是安全技术规程中的重要内容，为预防工人在生产操作过程中的伤亡事故，安全技术规程要求有防护装置、保险装置、信号装置及危险牌示和识别标志等。

3. 电气设备的安全

为了预防工人在生产中的触电事故，防止电气设备所引起的火灾事故，安全规程要求电气设备要有可熔保险器和自动开关，带电设备要设安全遮拦和警告标志，行灯的电压不能超过36 V，在金属容器内或者潮湿处所不能超过12 V。产生大量蒸气、气体、粉尘的工作场所，要使用密闭式电气设备；有爆炸危险的气体或者粉尘产生的工作场所，要使用防爆型电气设备。电气设备的开关要指定专人管理。

4. 动力锅炉和气瓶的安全

为了防止锅炉和气瓶的爆炸事故，工业锅炉必须有安全阀、压力表和水位表，并且使其保持准确、有效。各种气瓶在存放和使用的时候，必须距离明火 10 米以上，并且避免在阳光下暴晒；搬运时不能碰撞。

5. 建筑工程的安全

在大规模的基本建设工作中，施工单位要严格执行《建筑安装工程安全技术规程》。这个规程对施工的一般要求做了规定，如对于从事高空作业的职工，必须进行身体检查，不能使患有高血压、心脏病、癫痫病的人和其他不适合高空作业的人从事高空作业；对施工现场的各种条件也做出了规定，如施工现场应该合乎安全卫生的要求等。

6. 矿山安全

矿山安全技术规程的基本内容包括：①建立、健全矿山安全生产责任制，即矿山各级领导、职能部门、有关工程技术人员和生产工人在劳动过程中对安全生产层层负责，将安全生产责任制落实到人；②建立、健全矿山安全管理机构，包括矿山安全机构、矿山救护队和劳动保护研究机构等；③加强安全教育和技术培训。此外，在机电、运输、矿山建筑设计、职工健康管理等方面，安全技术规程还有详细的规定。

拓展视窗

安全宣传"五进"工作

2020 年 5 月，国务院安委会办公室、应急管理部关于印发《推进安全宣传"五进"工作方案》的通知，文件指出，为认真贯彻落实习近平总书记在主持中央政治局第十九次集体学习时的重要讲话精神，牢固树立安全发展理念，大力加强公众安全教育，现需扎实推进安全生产宣传进家庭、进农村、进社区、进企业、进校园，覆盖人民群众生产、生活的主要领域，进一步提高全社会整体安全水平。

（二）劳动卫生保护

劳动卫生又称"生产卫生""工业卫生"。劳动卫生保护是指通过鉴别、评定、控制和消除生产过程和劳动环境中的有害因素，使劳动条件符合卫生要求，以保护劳动者的身体健康。主要包括生产场所卫生、职业病防治和"三废"治理、工业设计卫生、职工多发病和慢性病防治、妇幼保健卫生等。

劳动条件中的有害因素主要包括生产过程中使用或生产的有害因素，如有毒物质（如铅、汞、苯、氯气、一氧化碳等）、生产性粉尘（如石英尘、石棉尘、煤尘、皮毛尘等），异常小气候（如过高或过低的温度、过高或过低的气压），噪声、振动、微波、激光、X射线、γ射线等物理因素，以及细菌、霉菌、病毒等生物性因素等；也包括生产环境中的有害因素（如生产流程布局不合理、有毒作业与无毒作业混杂安排在一个车间等），自然环境因素（高寒地区冬季露天作业时的严寒等）；还包括劳动过程中的有害因素，如不合理的劳动组织及作业轮班制度、超量的体力劳动、个别器官系统如视力过度紧张等。

为了保护劳动者在劳动生产过程中的身体健康，避免有毒、有害物质的危害，防止、消除职业中毒和职业病，我国除了《劳动法》之外还制定了许多有关劳动卫生方面的法律法规，如《工厂安全卫生规程》《工业企业设计卫生标准》《工业企业噪声卫生标准》《防暑降温措施管理办法》等。企业必须遵守相应的规定，切实保障劳动者的身体健康。

劳动安全卫生标准是劳动保护法规体系的重要组成部分，是劳动保护法规的具体体现。劳动安全卫生标准是强制性标准，这是由于它涉及人体健康、人身和财产安全。我国劳动安全卫生标准分为国家标准、行业标准、地方标准和企业标准4级。

拓展视窗

生产过程中的危险与有害因素

物理性危险、有害因素：设备和设施缺陷、防护缺陷、电危害、能造成灼伤的高温物质、能造成冻伤的低温物质、运动物、明火、噪声、振动、电磁辐射、粉尘与气溶胶、作业环境不良、信号缺陷、标志缺陷、其他物理性危险和有害因素15种。

化学性危险、有害因素：易燃易爆性物质、自燃性物质、有毒物质、腐蚀性物质、其他化学性危险和有害因素5种。

生物性危险、有害因素：致病微生物、细菌、病毒、其他致病微生物，传染病媒介物，致害动物，致害植物，其他生物性危险和有害因素5种。

心理、生理性危险、有害因素：负荷超限、健康状况异常、从事禁忌作业、心理异常、辨识功能缺陷、其他心理、生理危险和有害因素6种。

行为性危险、有害因素：操作错误、指挥错误监护失误、其他错误4种。

此外，生产过程中还有诸如作业空间不足、标识不清等其他危险及有害因素。

（三）女工保护

为了更好地保护女性劳动者的权益，我国立法机关制定了相关法律法规，如《中华人民共和国妇女权益保障法》《女职工劳动保护特别规定》《女职工保健工作规定》等。针对女性生理机能的特点，在其经期、孕期、产期、哺乳期、更年期等特殊时期加强劳动保护。如禁止安排女职工在经期从事高处、低温、冷水作业等，不得安排女职工在怀孕期间从事强度较高的劳动及孕期禁忌的劳动，对怀孕七个月以上的女职工不得延长其工作时间或安排夜班劳动，女职工生育享受不少于98天的产假，不得安排女职工在哺乳未满一周岁的婴儿期间从事体力劳动强度较高的劳动和哺乳期禁忌的劳动。

（四）未成年工保护

未成年工是指年满16周岁未满18周岁的劳动者，未成年工特殊保护又称"未成年工劳动保护""未成年工特殊劳动保护"。根据未成年工的生理特点、心理特点及身体状况，为保证其身心健康，对在劳动生产过程中的未成年工所采取的各项安全和卫生的保护措施就是未成年工劳动保护。主要内容有：① 就业年龄的限制。根据规定，一般行业不得招用未满16周岁的少年工人；② 工作时间的保护。一般情况下，对未成年工要缩短工作时间，禁止安排他们值夜班及加班；③ 禁止安排未成年工从事矿山、井下等特别繁重的体力劳动和对未成年工身体健康特别有害的工作；④ 组织指导未成年工的业余文化、技术学习等。

（五）工作时间与休假制度

工作时间又称劳动时间，是指法律规定的劳动者在一昼夜和一周内从事劳动的时间。工作时间的长度有法律规定，具体由集体合同或劳动合同直接规定。劳动者或用人单位不遵守工作时间的规定或约定，要承担相应的法律责任。

休假制度是指为保障职工享有休息权而实行的定期休假制度。《劳动法》等相关法律法规规定了现行的休假制度，包括公休假日、法定节日、探亲假、年休假及由于职业特点或其他特殊需要而规定的休假。

我国的标准工时为劳动者每日工作8小时，每周工作44小时，在1周内工作5天。公休假日又称周休息日，是劳动者在1周内享有的休息日，公休假日一般为每周2日，一般安排在周六和周日。不能实行国家标准工时制度的企事业组织，可根据实际情况灵活安排周休息日。法定节假日是指法律规定用于开展纪念、庆祝活动的休息时间，如元旦休息1日、春节休息3日、国际劳动节休息1日、国庆节休息3日等。探亲假是指劳动者享有保留工资和工作岗位而同分居两地的父母或配偶团聚的假期，探亲假适用于在国家机关、人民团体、全民所有制企业、事业单位工作满1年的固定职工。带薪年休假制度是指连续工作1年以上的劳动者享受带薪年休假。

（六）劳动保护用品

劳动保护用品是劳动者在工作期间进行基本防护时使用的用品，是保护劳动者在生产过程中的人身安全与健康所必备的一种防御性装备，它们对于减少职业危害起着重要的作用。常见的劳动保护用品有如下几类。

1. 头部防护用品

主要是为了防御头部受外来物体打击和其他因素危害配备的个人防护装备（图4-1-4），如防护帽、防尘帽、防水帽、安全帽、防寒帽、防静电帽、防高温帽、防电磁辐射帽、防昆虫帽等。

2. 呼吸器官防护用品

主要是为了防御有害气体、蒸气、粉尘、烟、雾气由呼吸道吸入，直接向使用者供氧或清净空气，保证在尘、毒污染或缺氧环境中作业的劳动者正常呼吸的防护用具（图4-1-5），如防尘口罩（面具）、防毒面罩（面具）等。

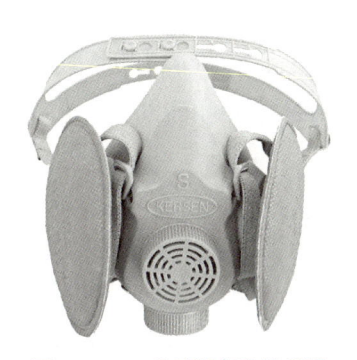

图 4-1-4　头部防护用品　　　　图 4-1-5　呼吸器官防护用品

第一节　劳动安全

3. 眼（面）部防护用品

主要是指用以保护作业人员的眼睛、面部，防止外来伤害的用品（图4-1-6），如焊接用眼防护具、炉窑用眼护具、防冲击眼护具、激光防护镜及防X射线、防化学、防尘眼护具等。

4. 听觉器官防护用品

主要是能够防止过量的声能侵入外耳道的个体防护用品（图4-1-7），它使人耳避免噪声的过度刺激，减少听力损失，预防噪声对人身引起的不良影响，如耳塞、耳罩、防噪声头盔等。

图4-1-6 眼（面）部防护用品　　　图4-1-7 防噪声头盔

5. 手部防护用品

主要是保护手和手臂，供作业者劳动时戴的手套（图4-1-8），如一般防护手套、防水手套、防寒手套、防毒手套、防静电手套、防高温手套、防X射线手套、防酸碱手套、防油手套、防震手套、防切割手套、绝缘手套等。

6. 足部防护用品

主要是为了防止生产过程中有害物质和能量损伤劳动者的足部，通常称为劳动防护鞋（图4-1-9），如防尘鞋、防水鞋、防寒鞋、防静电鞋、防高温鞋、防酸碱鞋、防油鞋、防滑鞋、防刺穿鞋、电绝缘鞋、防振鞋等。

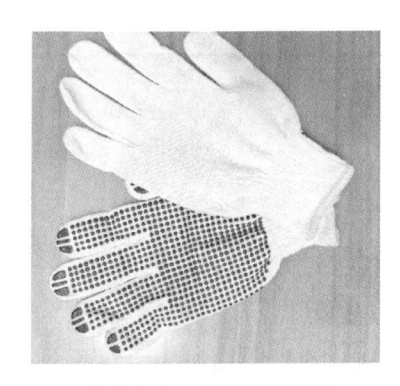

图 4-1-8　手部防护用品　　　　　图 4-1-9　足部防护用品

7. 身体防护用品

即防护服（图 4-1-10），如防水服、防寒服、防毒服、阻燃服、防静电服、防高温服、防电磁辐射服、耐酸碱服、防油服、水上救生衣、防昆虫服、防风沙服等。

8. 护肤用品

主要是指用于防止皮肤（主要是脸、手等外露部分）免受化学、物理等因素危害的用品（图 4-1-11），如防干裂、防毒、防腐的护肤品等。

图 4-1-10　身体防护用品　　　　　图 4-1-11　护肤用品

第一节　劳动安全　　103

> 设计安全标语
>
> 请结合本专业特色，为实训室设计几个安全警示标语。

四、劳动安全事故预防及处理

劳动者在工作的过程中随时有可能发生安全事故，可能直接或间接地受到相应的伤害。防患于未然是最好的保护，在劳动过程中，我们需要增强预防意识，掌握必要的防护方法。常见的劳动事故的预防措施有以下几种。

1. 防有限空间作业事故

作业前必须进行危险有害因素辨识，并将危险有害因素、防控措施和应急措施告知作业人员；必须采取通风措施，保持空气流通；必须对有限空间的氧浓度、有毒有害气体（如一氧化碳、硫化氢等）浓度进行检测，检测结果合格后方可作业；作业现场必须配备呼吸器、通信器材、安全绳索等防护设施和应急装备；作业现场必须配备监护人员；作业现场必须设置安全警示标志，保持出入口畅通；严禁在事故发生后盲目施救。

2. 防检修作业事故

作业必须履行审批手续，检修时应按规定穿戴好劳动保护用品；进行检修作业时，应至少有两名工作人员参与；检修前应切断电源，并在电源处加装锁具，上锁挂签，安排专人看护，必须严格执行"断电挂牌"制度，检修完成前严禁打开电源；检修设备前必须进行放空处理；在防爆区域进行检修时注意防火防爆，安全使用防爆工具；检修完毕后应及时清点工具，防止工具留在机器内。

3. 防粉尘爆炸事故

有效通风和除尘，禁止明火；在设备外壳设泄压活门，采用爆炸遏制系统；对有粉尘爆炸危险的厂房要按照防爆技术等级进行设计，单独设计通风、排尘系统；湿式打扫车间地面和设备，预防粉尘飞扬；保证系统的密闭性，必要时对密闭容器或管道中的可燃性粉尘充入氮气、二氧化碳等气体，以减少氧气的含量，抑制粉尘的爆炸；加强机器的维护保养；在新建厂房车间时，要采用先进的建筑材料，保留足够的泄压面积和通风设施。

4. 防触电事故

电气作业人员要严格按操作规范进行作业；作业时要穿戴工作服，佩带绝缘鞋、绝缘手套等劳保用品；定期对线路及电路进行检修，老化的电线要及时更换；按规定对相应的设备做好跨界片连接及接地装置；不准带电作业，不准乱接临时电线；电气人员做好日常巡检和交接班，雷雨天气要加强巡检，每班要对现场临时电源线检查一次；固定电源线路做好日常检查，并做好记录；岗位职工在打扫卫生、擦拭设备时，严禁用水冲洗或用湿布擦拭电气设备；非电气人员严禁私自触摸、拆卸和检修电气设备，发现异常及时报告（图 4-1-12）。

图 4-1-12 注意用电安全

5. 防雷击事故

建筑物、独立建筑物、罐区、易燃易爆区域应按规定安装达到合格标准的避雷装置；在外遇雷雨时，要在屋顶下方稍有空间的房屋或金属房中躲避，如附近没有躲避的场所，应两脚合拢，尽可能地站在不吸湿的材料上，不要站在高大单独的树木下；不要靠近高压电杆、铁塔、避雷针的接地线周围 20 米以内的地方，以免雷击时发生跨步电压触电；在室内，人体最好距离电线、灯头或无线电天线 1.5 米以外，尽量远离暖气管线、水管线、气管线等与外界相通的金属导体；必须按时检测维修防雷击安全装置，确保其达到安全要求；雷雨天气不得进行建筑物上部、罐体上部和高处作业；认真检查危险介质工业管道接地、法兰跨接片、静电接地报警器等防

第一节 劳动安全　　105

静电装置，防止静电危害；夏季多雷雨天气，应提前做好防雷静电接地检测工作，作业前严格检查静电接地是否连接正常；打雷期间停止一切室外作业。

6. 防火灾爆炸事故

认真落实各级安全生产责任制，严格执行防火防爆管理制度；定期检查，确保消防设施齐全好用，一旦发生火灾事故，能启动应急预案及时将火扑灭，若火势无法控制应迅速报火警；员工要按规定穿戴劳保用品，严格执行各项操作规程，严禁携带火种进入生产区；严格执行动火审批制度，认真研究制定动火安全措施，并严格执行，同时做好动火现场监护工作，实施全过程不间断监控；加强锅炉、压力容器、气瓶、压力管道的防火防爆管理，严格执行操作规程，及时分析运行情况和解决异常情况；加强对可燃气体泄漏装置的管理，确保其安全有效；要加强食堂用电、用气管理，严格按照规定进行工作和检查。

拓展视窗

消防安全"四懂""四会""四个能力"

"四懂"是指：懂得岗位火灾的危险性，懂得预防火灾的措施，懂得扑救火灾的方法，懂得逃生疏散的方法。

"四会"是指：会使用消防器材，会报火警，会扑救初期火灾，会组织疏散逃生。

"四个能力"是指：检查消防火灾隐患的能力；扑救初期火灾的能力；组织引导人员疏散逃生的能力；对他人进行消防宣传教育的能力。

7. 防高处坠落事故

高空作业必须系好安全带；尽量避免雨天露天作业，如需在雨天露天作业，必须采取防滑措施，不得以穿雨衣不方便为借口不系安全带，安全带卡扣不能随意乱接；检查装置平台，各类高架平台护栏要齐全、可靠，间隙过大的地方和漏洞要补全；雷雨、大风天气禁止室外高空作业（图 4-1-13）。

8. 防中毒中暑事故

在防中毒方面，要加强相关工作岗位人员的个人保护意识，观察风向，做好有毒有害气体的防护工作，特别是直接或间接接触有毒有害气体的作业人员，必须加强人身保护及监护工作；检维修作业时要佩戴防毒面具、防护手套、防护眼镜等安全用品，尤其注意有伤口或伤口未愈合的地方应避免接触有毒物质；防止有毒有害气体"跑、冒、滴、漏"，保持现场环境质量；凡进入容器内作业，

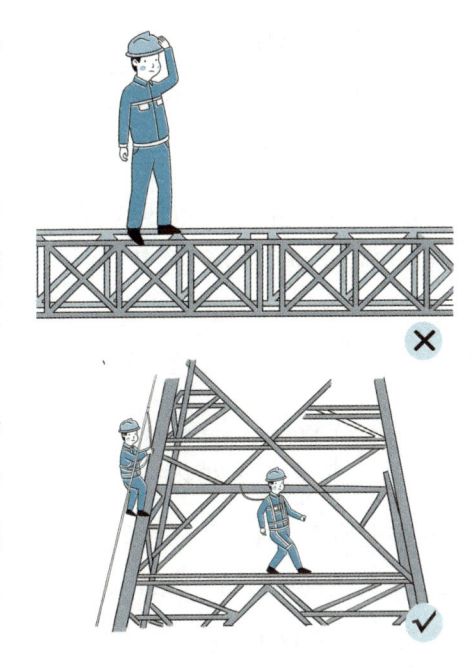

图 4-1-13　高空作业要系好安全带

必须研究制订施工方案，提出明确的安全要求，制订详细的安全应急预案，采取切实可行的安全防护措施，保障作业人员生命安全；进入有毒有害、易燃易爆介质的设备前，必须按规定办理"受限空间作业证"，必须采取清洗、通风、取样分析、检测等措施，施工中按要求佩戴呼吸器或防毒面具，严格执行安全操作规程。在防中暑方面，相关单位应定期发放防暑降温品；工作人员作业时应尽量避开高温时段，确实需要作业的要准备好降温品，并限制作业时间；补充水分，养成良好的饮水习惯，通常最佳饮水时间是晨起后，多吃新鲜蔬菜和水果亦可补充水分；部门、班组应在工作现场配备防暑药物，如人丹、十滴水、藿香正气水、清凉油等（图 4-1-14）。

图 4-1-14　防中暑

第一节　劳动安全　107

9. 防倒塌事故

雨季前要认真检查各种设施，对危险设施必须及时做出处理，尽快撤离处于危险的人员和设备，防止事故发生；做好各种设备的安全防护工作，使用新设备、采用新技术时，一定要仔细研究其是否安全可靠；在作业过程中，应按照安全程序操作，严禁违章作业。

拓展视窗

事故的四个等级

特别重大事故：是指造成30人以上死亡，或者100人以上重伤（包括急性工业中毒，下同），或者1亿元以上直接经济损失的事故；

重大事故：是指造成10人以上30人以下死亡，或者50人以上100人以下重伤，或者5 000万元以上1亿元以下直接经济损失的事故；

较大事故：是指造成3人以上10人以下死亡，或者10人以上50人以下重伤，或者1 000万元以上5 000万元以下直接经济损失的事故；

一般事故：是指造成3人以下死亡，或者10人以下重伤，或者1 000万元以下直接经济损失的事故。

劳动安全事故的处理流程是：

1. 报告受理

生产经营单位应当在事故发生后送伤者及时医治的同时，向当地安全生产监督管理部门报告，提交事故经过报告。报告内容主要有事故发生的时间、地点、人员受伤(或中毒)程度，事故简要经过，已经采取的措施及处理结果等。构成重伤事故的，由安检部门组成事故调查组依法处理。

2. 接待举报

对前来举报事故单位的要热情接待、详细登记，对企业经营单位发生的事故进行调查，形成事故报告。双方对于因医疗费用、伤者补贴等发生争议的，应填写《受伤事故案件送达书》和《工伤事故报告书》，并将两份材料一起移送劳动仲裁机关，进入劳动争议仲裁程序。

3. 事故调查

立案调查的重伤事故要按照《生产安全事故报告和调查处理条例》（国务院第493号令）执行，组成调查组，查清事故发生的原因、经过，责成事故单位将工商执照、法人身份证明、事故经过报告等材料上报调查组；责成事故单位进行安全生产法制宣传教育，总结事故教训，提出整改措施并认真抓好落实，防止事故再次发生。

4. 事故调解

对于未造成伤残的轻微工伤事故，当事双方协商一致后，安监部门可予以调解处理、签字备案，减少诉讼程序。

5. 事故处理

安监部门根据调查结果，对事故单位做出行政处罚决定，送达并执行。事故发生后，事故单位未及时上报，经查实，由安监部门会同相关部门依法追究瞒报责任。事故结案后，将事故报告书等材料移交劳动仲裁机关，同时将处理结果告知举报者。对主动上报工伤事故并积极配合调查的单位，可从轻处罚；对瞒报、漏报事故的单位和阻碍、干涉事故调查工作的单位，应从重处罚；构成犯罪的，要依法追究刑事责任。

6. 工作时限

轻伤事故从接到报告起，到报送仲裁程序为止，工作时限为15天，特殊情况可延长，但延长期限最长不得超过15天；重伤事故工作时限为60天，特殊情况可延长，但延长期限最长不得超过60天。

五、安全标志

安全标志是用以表达特定安全信息的标志，由图形符号、安全色、几何形状（边框）或文字构成，分为禁止标志、警告标志、指令标志和提示标志四大类型。下面的安全标志引用于《安全标志及其使用导则》（GB 2894—2008），该标准规定了传递安全信息的标志及其设置、使用的原则，适用于公共场所、工业企业、建筑工地和其他有必要提醒人们注意安全的场所。

1. 禁止标志

禁止标志是禁止人们不安全行为的图形标志，该类标志共有40个，其基本形式是带斜杠的圆边框（图4-1-15）。

编号	图形标志	名称	标志种类	设置范围和地点
1-1		禁止吸烟 No smoking	H	有甲、乙、丙类火灾危险物质的场所和禁止吸烟的公共场所等，如木工车间、油漆车间、沥青车间、纺织厂、印染厂等
1-2		禁止烟火 No burning	H	有甲、乙类、丙类火灾危险物质的场所，如面粉厂、煤粉厂、焦化厂、施工工地等

图4-1-15　禁止标志示意图

2. 警告标志

警告标志是提醒人们对周围环境引起注意，以避免可能发生的危险的图形标志，该类标志共有39个，其基本形式是正三角形边框（图4-1-16）。

3. 指令标志

指令标志是强制人们必须做出某种动作或采用防范措施的图形标志，该类标志共有16个，其基本形式是圆形边框（图4-1-17）。

编号	图形标志	名称	标志种类	设置范围和地点
2-1	 ⚠	注意安全 Warning danger	H.J	易造成人员伤害的场所及设备等
2-2	 ⚠	当心火灾 Warning fire	H.J	易发生火灾的危险场所，如可燃性物质的生产、储运、使用等地点

图 4-1-16　警告标志示意图

编号	图形标志	名称	标志种类	设置范围和地点
3-1	 🛡	必须带防护眼镜 Must wear protective goggles	J.H	对眼睛有伤害的各种作业场所和施工场所
3-2	 🛡	必须配戴遮光护目镜 Must wear opaque eye protection	J.H	存在紫外、红外、激光等光辐射的场所，如电气焊等

图 4-1-17　指令标志示意图

4. 提示标志

提示标志是向人们提供某种信息（如标明安全设施或场所等）的图形标志，该类标志共有 8 个，其基本形式是正方形边框（图 4-1-18）。

5. 提示标志的方向辅助标志

提示标志提示目标的位置时要加方向辅助标志。指示左向时，辅助标志应放在图形标志的左方；指示右向时，则应放在图形标志的右方（图 4-1-19）。

第一节　劳动安全　　111

编号	图形标志	名称	标志种类	设置范围和地点
4-1		紧急出口 Emergent exit	J	便于安全疏散的紧急出口处，与方向箭头结合设在通向紧急出口的通道、楼梯口等处

图 4-1-18　提示标志示意图

图 4-1-19　提示标志的方向辅助标志示例

6. 文字辅助标志

文字辅助标志的基本形式是矩形边框，有横写和竖写两种形式。

横写时，文字辅助标志写在标志的下方，可以和标志连在一起，也可以分开。禁止标志、指令标志为白色字；警告标志为黑色字。禁止标志、指令标志衬底色为标志的颜色，警告标志衬色为白色（图 4-1-20）。

竖写时，文字辅助标志写在标志杆的上部。禁止标志、警告标志、指令标志、提示标志均为白色衬底，黑色字。标志杆下部色带的颜色应和标志的颜色相一致（图 4-1-21）。

图 4-1-20　文字辅助标志（横写）示例

图 4-1-21　文字辅助标志（竖写）示例

六、安全色

安全色包括红、蓝、黄、绿四种颜色；对比色是使安全色更加醒目的反衬色，包括黑、白两种颜色。国家市场监督管理总局、国家标准化管理委员会发布的《安全色》(GB 2893—2008)规定了传递安全信息的颜色，以及安全色的测试方法和使用方法，该标准适用于公共场所、生产经营单位。

1. 红色

第一节　劳动安全　　113

红色是传递禁止、停止、危险或提示消防设备、设施的信息。用于各种禁止标志（参照 GB 2894—2008）；交通禁令标志（参照 GB 5768—2009）；消防设备标志（参照 GB 13495.1—2015）；机械的停止按钮、刹车及停车装置的操纵手柄；机器转动部件的裸露部位；仪表刻度盘上极限位置的刻度；各种危险信号旗等。

2. 蓝色

蓝色的定义是传递必须遵守的指令性信息。用于各种指令标志（参照 GB 2894—2008）；道路交通标志和标线中指示标志（参照 GB 5768—2009）；警告信号旗等。

3. 黄色

黄色是传递注意、警告的信息。用于各种警告标志（参照 GB 2894—2008）；道路交通标志和标线中警告标志（参照 GB 5768—2009）；警告信号旗等。

4. 绿色

绿色的定义是传递安全的提示性信息。用于各种提示标志（参照 GB 2894—2008）；机器启动按钮；安全信号旗；急救站、疏散通道、避险处、应急避难场所等。

5. 黑色

黑色用于安全标志的文字、图形符号和警告标志的几何边框。

6. 白色

白色用于安全标志中红、蓝、绿的背景色，也可用于安全标志的文字和图形符号。

7. 安全色与对比色的使用

安全色与对比色同时使用时，应按图 4-1-22 规定搭配使用。

安全色	对比色	相 间 条 纹
红色	白色	表示禁止或提示消防设备、设施位置的安全标记
蓝色	白色	表示指令的安全标记,传递必须遵守规定的信息
黄色	黑色	表示危险位置的安全标记
绿色	白色	表示安全环境的安全标记

注：黑色与白色互为对比色。

图 4-1-22　安全色与对比色搭配使用图 1

安全色与对比色相间的条纹宽度应相等，即各占 50%，斜度与基准面成 45°。宽度一般为 100 毫米；但可根据设备大小和安全标志位置的不同，采用不同的宽度，在较小的面积上其宽度可适当缩小，每种颜色不能少于两条（图 4-1-23）。

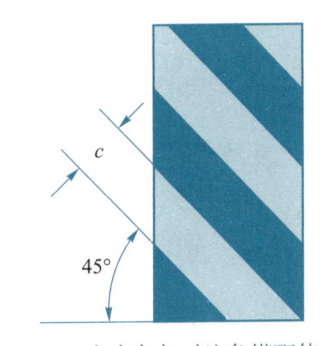

图 4-1-23　安全色与对比色搭配使用图 2

第二节　劳动法律法规

> **话题探讨**
>
> 一个工人从一幢正在施工的建筑物的三层楼上摔了下来,由于没有系安全带,他受伤严重。事后调查表明,公司为员工配备了足够的安全带,但申领手续烦琐,大多数工人为了图省事就没有申领。对于这起事件,你认为公司和工人分别需要承担什么样的责任?

课外链接 4-2

一、劳动关系的内涵及特征

劳动关系是指劳动力所有者（劳动者）与劳动力使用者（用人单位）之间,为实现劳动过程而发生的一方有偿提供劳动力由另一方用于同其生产资料相结合的社会关系。劳动关系表现为劳动者与用人单位依法签订劳动合同而在双方之间产生的法律关系,包括用人单位与劳动者之间就劳动合同、劳动报酬、休息时间、劳动保护、职业培训过程中发生的关系。

劳动关系建立的前提条件有两个:一是劳动者能够在法律上享有独立的人格主体地位,享有人身自由;二是按照劳动者的社会地位和身份不得不向生产资料所有者让渡自己劳动力的使用权才能获取劳动力再生产所必需的生活资料。

基于劳动关系的内涵,我们可以总结出以下两个特征:

1. 形式上的财产关系和实际上的人身关系

劳动关系作为一种社会经济关系,以财产交换为起点,劳动者作为劳动力的所有者与作为生产资料所有者的用人单位建立劳动关系，目的是通过让渡劳动力的使用权而获得工资，用人单位则通过支付劳动者工资而获得劳动者劳动力的使用权，从形式上看，这是一种财产交换关系。但劳动关系一旦建立，用人单位即获得劳动者的劳动力的使用权，劳动者的劳动力与劳动者的人身不可分离性决定了在劳动过程中，劳动者必须接受用人单位的支配和指挥。因此，在现实的劳动关系中，财产关系的意义只在于劳动者作为劳动力的所有者，是一个可以自由处置自己劳动力的独立自由人，可以自由地出卖自己的劳动力。一旦劳动者与用人单位之间的劳动关系建立，财产关系便转换为人身关系。

2. 形式上的平等关系和实际上的从属关系

劳动者是劳动力的所有者，用人单位是生产资料的所有者，从表面上看，双方作为各自独立的财产所有者，有可能建立一种以双方意愿为基础的平等的社会经济关系，形式上具有平等性。但劳动者不拥有生产资料，必须通过出卖自己的劳动力来换取生活资料的经济地位决定了劳动者必须依附于生产资料所有者，并且劳动关系一旦建立起来，劳动者个人与用人单位之间的平等关系即宣告结束，劳动者必须服从用人单位的支配或指挥，完成一定的工作任务。在劳动关系的实际运行中，劳动者与用人单位之间的关系具有从属性。这种从属关系具体表现为：人格上的从属性，即劳动者在劳动过程中必须服从用人单位的指挥监督；经济上的从属性，即劳动者必须受雇于用人单位从事劳动才能谋取生活资料；组织上的从属性，即劳动者需编入用人单位的生产组织内并遵循用人单位的生产秩序。从属性体现了实质上的不平等性。

二、劳动合同

劳动合同是指劳动者与用人单位之间确立劳动关系，明确双方权利和义务的协议。根据这个协议，劳动者加入企业、个体经济组织、事业组织、国家机关、社会团体等用人单位，成为该单位的一员，承担一定的工种、岗位或职务工作，并遵守所在单位的内部劳动规则和其他规章制度；用人单位应及时安排被录用的劳动者工作，按照劳动者提供的劳动数量和质量支付劳动报酬，并且根据劳动法律、法规的规定和劳动合同的约定提供必要的劳动条件，保证劳动者享有劳动保护及社会保险、福利等权利和待遇（图4-2-1）。

图4-2-1　社会保险的类型

订立和变更劳动合同应当遵循平等自愿、协商一致的原则，不得违反法律、行政法规的规定。劳动合同依法订立即具有法律约束力，当事人必须履行合同规定的义务。

劳动合同的主体即劳动法律关系的当事人是劳动者和用人单位，需要签订劳动合同的对象包括新招用的劳动者、原有的固定工及原固定工身份的特殊人员，需要与劳动者签订劳动合同的用人单位包括中国境内的企业法人，个体、合伙制非法人经济组织；国家机关、事业组织和社会团体；特殊类型经济组织，如租赁经营（生产）、承包经营（生产）的企业等。

劳动合同分为固定期限劳动合同、无固定期限劳动合同和以完成一定工作任务为期限的劳动合同。固定期限劳动合同，是指用人单位与劳动者约定合同终止时间的劳动合同，用人单位与劳动者协商一致，可以订立固定期限劳动合同；无固定期限劳动合同，是指用人单位与劳动者约定无确定终止时间的劳动合同；以完成一定工作任务为期限的劳动合同，是指用人单位与劳动者约定以某项工作的完成为合同期限的劳动合同。

劳动合同的内容可分为两方面，一方面是必备条款的内容，另一方面是协商约定的内容。必备条款有7项：

（1）劳动合同期限。法律规定合同期限分为三种：有固定期限，如1年期限、3年期限等均属这一种；无固定期限，合同期限没有具体的时间约定，只约定终止合同的条件，无特殊情况，这种期限的合同应存续到劳动者到达退休年龄；以完成一定的工作为期限，如劳务公司外派一员工去另外一公司工作，两个公司签订了劳务合同，劳务公司与外派员工签订的劳动合同期限是以劳务合同的解除或终止而终止，这种合同期限就属于以完成一定工作为期限的种类。用人单位与劳动者在协商选择合同期限时，应根据双方的实际情况和需要来约定。

（2）工作内容。在这一必备条款中，双方可以约定工作数量、质量，劳动者的工作岗位等内容。在约定工作岗位时可以约定较宽泛的岗位概念，也可以另外签一个短期的岗位协议作为劳动合同的附件，还可以约定在何种条件下可以变更岗位条款等。掌握这种订立劳动合同的技巧，可以避免工作岗位约定过死，因变更岗位条款协商不一致而发生的争议。

（3）劳动保护和劳动条件。在这方面可以约定工作时间和休息休假的规定，各项劳动安全与卫生的措施，对女工和未成年工的劳动保护措施与制度，以及用人单位为不同岗位的劳动者提供的劳动、工作的必要条件等。

（4）劳动报酬。此条款可以约定劳动者的标准工资、加班加点工资、奖金、津贴、补贴的数额及支付时间、支付方式等（图4-2-2）。

（5）劳动纪律。此条款应当将用人单位制定的规章制度约定进来，可采取将内部规章制度印制成册，作为合同附件的形式加以简要约定。

（6）劳动合同终止的条件。这一必备条款一般是在无固定期限的劳动合同中约定，但其他期限种类的合同也可以约定。需注意的是，双方当事人不得将法律规定的、可以解除合同的条件约定为终止合同的条件，以避免出现用人单位应当在解除合同时支付经济补偿金而改为终止合同不予支付经济补偿金的情况。

图 4-2-2　合理的经济待遇

（7）违反劳动合同的责任。一般约定两种违约责任形式，第一种是违约的一方要赔偿给对方造成的经济损失，即赔偿损失的方式；二是约定违约金的计算方法，采用违约金方式应当注意根据职工一方的承受能力来约定具体金额，避免出现不公平的情况。这里的违约不是指一般性的违约，而是指严重违约，致使劳动合同无法继续履行，如职工违约离职、单位违法解除劳动合同等。

三、劳动纠纷及解决途径

劳动纠纷主要包括因订立、履行、变更、解除和终止劳动合同发生的争议，因除名、辞退和辞职、离职发生的争议，因工作时间、休息休假、社会保险、福利、培训及劳动保护发生的争议，因劳动报酬、工伤医疗费、经济补偿或者赔偿金等发生的争议等。发生劳动纠纷后，可以依据劳动争议调解仲裁法进行解决。首先由用人单位与劳动者协商解决，如果无法协商一致且不愿意进行调解的，可以申请劳动仲裁，如果对仲裁结果有异议，可以向法院提起诉讼。

（1）双方自行协商解决。当事人在自愿的基础上进行协商，达成协议。

（2）调解程序。双方不愿自行协商或达不成协议的，可自愿申请企业劳动争议调解委员会进行调解，从当事人提出申请之日起，仲裁申诉时效中止，企业劳动争议调解委员会应在30日内结束调解。仲裁申诉时效从应调解而中止的30日之后的次日继续计算，对调解达成的协议自觉履行。调解不成的可申请仲裁。

（3）仲裁程序。当事人一方或双方均可在法定期限内向劳动争议仲裁委员会申请仲裁。仲裁庭应当先行调解，调解不成的，做出裁决。一方当事人不履行生效的仲裁调解书或裁决书的，另一方当事人可以申请人民法院强制执行。该程序是人民法院处理劳动争议的前置程序，也就是说，人民法院不直接受理没有经过仲裁程序的劳动争议案件。

（4）诉讼程序。当事人对仲裁裁决不服的，可以在规定的期限内向基层人民法院起诉。人民法院按照民事诉讼程序进行审理，实行两审终审制。法院审判程序是劳动争议处理的最终程序。

知行合一　　　　　　　　　　　　　　　　　　　　　　模拟法庭

利用课上时间组织一次"模拟法庭"，审理一起劳动纠纷案件。

四、劳动与就业

就业就是最大的民生，是保障和改善人民群众生活的基本前提和基本途径。依法促进就业，千方百计扩大就业，使更多的劳动者找到工作岗位，生活得到保障，分享经济社会发展成果，是促进社会和谐稳定的重要方面。2008年1月1日实施的《中华人民共和国就业促进法》（以下简称《就业促进法》）（图4-2-3）体现了以人为本、关注民生的立法精神，是我国就业领域的第一部基本法律，该法涵盖了政府责任、工作机制、政策支持、公平就业、就业服务和管理、职业教育和培训、就业援助、监督检查、法律责任等内容。

图 4-2-3 就业促进法

《就业促进法》规定，国家坚持劳动者自主择业、市场调节就业、政府促进就业的方针。劳动者自主择业，指的是充分调动劳动者就业的主动性和能动性，发挥就业潜能、提高职业技能，依靠自身努力，自谋职业和自主创业，尽快实现就业。市场调节就业，指的是充分发挥人力资源市场在促进就业中的基础性作用，通过市场职业供求信息，引导劳动者合理流动和就业；通过用人单位自主用人和劳动者自主择业，实现供求双方相互选择；通过市场工资价位信息，调节劳动力的供求。政府促进就业，指的是充分发挥政府在促进就业中的重要职责。

《就业促进法》规定，劳动者依法享有平等就业和自主择业的权利，劳动者就业不因民族、种族、性别、宗教信仰等不同而受歧视。《就业促进法》对公平就业作出了规定，包括八个方面：明确政府维护公平就业的责任；规范用人单位和职业中介机构的行为；保障妇女享有与男子平等的劳动权利；保障各民族劳动者享有平等的劳动权利；保障残疾人的劳动权利；保障传染病病原携带者的平等就业权；保障进城就业的农村劳动者的平等就业权；规定了劳动者受到就业歧视时的法律救济途径。

案例品读　　　　　小丽：我的合同受法律保护吗

小丽拿着某学院发的"毕业生双向选择就业推荐表"去一家公司应聘办公室文员工作。经审核和面试，一个星期后，公司便通知小丽去上班。一上班，公司就与小丽签订了就业协议，协议约定：小丽担任职务为办公室文员；合同期限为一年，其中试用期为三个月，试用期月薪为1 000元；试用期满后，按技术水平、劳动态度、工作效益评定，根据评定的级别或职务确定月薪。上班两个月后，小丽发生了交通事故，之后未到公司上班。小丽在治疗和休息期间，经学校同意，以邮寄方式完成了论文及答辩，于7月1日正式毕业。

8月份，伤愈后的小丽多次向公司交涉，认为双方既然签订了就业协议，其身份就属于公司员工，应该享受工伤待遇，但遭到公司拒绝。11月8日，小丽向劳动部门提出认定劳动工伤的申请，同时公司也向当地劳动争议仲裁委员会提出仲裁申请，要求确认公司与小丽签订的就业协议无效。而小丽针对公司的仲裁申请提起反诉，请求确认合同约定试用期为三个月、试用期月薪1 000元等条款违法，要求月薪按社会平均工资标准执行，同时要求公司为自己办理社会保险并缴纳保险金。

劳动争议仲裁委员会于第二年4月作出了仲裁裁决，认为小丽在签订协议时仍属在校大学生，不符合就业条件，不具备建立劳动关系的主体资格，其与公司订立的就业协议书自始无效，并驳回了小丽的反诉请求。小丽对劳动争议仲裁委员会的裁决不服，遂向法院起诉，要求法院确认自己与公司签订的就业协议合法有效。

最终结果是法院认定小丽不具备劳动法意义上的劳动者的主体资格，驳回了小丽的诉讼请求。

第二节　劳动法律法规

案例解读

大学生正在求职过程中，被用人单位看中后，一般会先在单位实习一段时间，那么此时他们具有双重身份，既是在校大学生，又是企业的劳动者。其间，如果大学生与企业发生纠纷，就会涉及这一群体是不是劳动法意义上的"劳动者"的问题，因此未毕业的大学生维权也十分艰难。劳动法意义上的劳动者不同于社会学意义上的劳动者，劳动法意义上的劳动者是从劳动法的调整对象的角度出发的。在校生利用业余时间勤工俭学，不视为就业，未建立劳动关系，双方是劳务关系，可以不签订劳动合同。如果大学生是以就业为目的，寻找比较固定的工作，可以与用人单位沟通，在建立劳动关系时要求签订劳动合同，大学生就业协议不是证明劳动关系的凭证，不能代替劳动合同。

第五章
劳动实践

> 应该记住，我们的事业，需要的是手，而不是嘴。
> ——童第周

> 伟大的成绩和辛勤的劳动是成正比例的，有一分劳动就有一分收获，日积月累，从少到多，奇迹就可以创造出来。
> ——鲁迅

学习目标

1. 知识目标：了解日常生活劳动、生产劳动和服务性劳动的主要类型、价值与组织形式
2. 能力目标：通过参加劳动实践，强化自身的组织能力、操作能力及团队协作能力
3. 素质目标：增强参与日常生活劳动、生产劳动和服务性劳动的自主意识，树立正确的劳动观

牛刀小试

认真阅读下列问题，结合个人实际情况进行作答。

序号	问题	选项
1	你主动打扫宿舍卫生吗	☐经常　☐有人做，我就做 ☐宿舍长打扫就可以
2	父母干家务的时候，你一般会怎么做	☐只要有空就主动帮忙 ☐旁观，不参与 ☐偶尔参与，主要看心情
3	你如何处理劳动与学习的关系	☐尽量两者兼顾 ☐学习在前 ☐劳动在前
4	你在起床后会叠被子吗	☐经常　☐偶尔　☐从不
5	你离开教室会带走你的垃圾吗	☐会 ☐有时候会忘记 ☐从未在意
6	你在劳动节或植树节那天植过树吗	☐每年都植树 ☐想植树但没有机会 ☐从未植树
7	你对学校安排的进企业顶岗实习的看法是什么	☐没有必要，在校学习即可 ☐作用不大，学校安排就去 ☐有必要，可以检验知识、历练技能
8	你在顶岗实习过程中遇到问题时怎么办	☐自己消化，没有必要告诉他人 ☐向身边的人寻求帮助 ☐向老师报告，听取老师的建议
9	你对参加服务性劳动的态度是什么	☐积极参加，助人为乐 ☐如果有报酬，也可以参加 ☐参不参加都无所谓
10	你如何看待大学生勤工助学的行为	☐认为低人一等 ☐没有时间，担心耽误学习 ☐可以参加，既减轻家庭负担，又可以锻炼自己

第一节　日常生活劳动

话题探讨

某学校推出"暑期亲情交流周"活动，要求学生在暑假时利用至少一周的时间帮助父母从事必要的家庭劳动。假如你向父母提出这个计划时，父母说："你只要好好学习就可以，不用帮我们做任何事。"对此，你将如何选择？请谈谈理由。

课外链接 5-1

日常生活劳动是指立足个人生活事务，培养基本的生活能力和良好的生活习惯的劳动项目。陶行知先生提倡"滴自己的汗，吃自己的饭，自己的事情自己干"，说的就是每个人都要立足自身生活需要，脚踏实地，从身边的事情做起，养成热爱劳动的良好习惯，历练基本的生活技能，强化自立、自律、自强的意识。

一、个人生活劳动

1. 增强自理意识

有的大学生在校期间存在不叠被、不铺床、不洗衣、个人物品不收纳、垃圾随处乱扔等不良现象，有的大学生在家不干任何家务，这些现象不仅影响宿舍和家庭的环境卫生，也影响个人形象，甚至有损身体健康。大学生应该围绕个人独立生活必需的劳动要求，增强自理意识，学会基本的生活技能。如洗衣烹饪、卫生打扫、整理收纳、简单维修等。学校可以组织不同形式的生活劳动竞赛活动，鼓励学生参与日常生活劳动（图5-1-1，图5-1-2）。

图5-1-1　校园叠被子比赛　　　　　　　图5-1-2　校园厨艺大赛

知行合一

陪父母工作一天

主动与父母交流谈心，了解他们所从事的工作，利用假期时间陪父母工作一天，体验他们的劳动内容，并与父母交流心得。

2. 养成健康的生活习惯

青少年正处在生长发育的过程中，大学阶段要依靠自律养成良好的生活方式，远离那些有害于身体健康的生活习惯。坚持按时作息，不沉迷于游戏，不熬夜；多吃健康的绿色食品，按时就餐，不暴食暴饮；不吸烟，不酗酒，远离毒品；要保护视力，不在光线较强或较弱的地方看书写字，不在行进途中或坐在摇晃的车船里看书、不躺着看书，坐姿要端正，要养成良好的读书写字的习惯。在个人卫生方面，要做到"七个勤"，即勤洗澡、勤刷牙、勤洗手、勤剪指甲、勤理发、勤换洗衣服鞋袜、勤晒被褥床单；刷牙要做到"三个三"：每日三次，每次至少三分钟，饭后三分钟以内要刷牙；还要做到"八个不"，即不喝生水、不吃生冷或不洁净的食物、不随地吐痰、不乱丢果皮纸屑、不从楼上往楼下扔东西、不共用毛巾、不用手指沾唾液、不正对他人咳嗽或打喷嚏。

3. 注重个人礼仪修养

要注重仪容仪表、体姿体态礼仪、服装服饰礼仪，展示个人良好的形象，为将来进入职场积累礼仪素养。仪容仪表方面，要打造干净清爽、整洁利索的形象。女同学参加重要活动时可以着淡妆，男同学要通过梳洗、洁面来打造庄重、文雅、有风度、有朝气的形象。从礼仪的角度看，男同学的面部、头部要做到"发不覆额，发不掩耳，发不及领，面不留须"。体姿体态方面，要训练规范的站姿、坐姿、走姿、表情及身体的各种展示动作。站姿的基本要求是轻松、自然、优美。正确的站姿应该是给人一种平、直、高的感觉，也就是人们常说的"站如松"；坐姿要力戒懒散无礼，要给人一种文雅、稳重、自然、大方的美感，也就是人们常说的"坐如钟"，做到轻入座、雅落座、慢离座；走姿是站姿的延续，人们常用"走如风"来形容轻快自然的步态，正确的走姿应该是挺胸抬头，双目平视，面带微笑，双臂自然下垂，步位直、步速稳、步幅适当。服装服饰礼仪方面，大学生着装要整洁、得体、和谐，参加重要活动时要着正装，不要过分追求奇装异服，不要佩戴与身份不符的服饰首饰。

知 行 合 一

每日站姿练习

每日靠墙站三分钟，做到后脑勺、肩部、臀部、脚后跟贴墙，并保持在一条线上。一个月后，看看自己的站姿有什么变化。

二、集体生活劳动

大学生的学习和生活都在集体中进行，因此要积极参与集体劳动，共同清洁、整理学习和生活的场所，在共同劳动中培养团结协作的意识和荣辱与共的美德，在奉献中感受劳动的美，学会热爱劳动，懂得珍惜劳动成果。

（一）打造文明寝室

寝室是同学们学习、生活、休息的重要场所。寝室环境的建设直接体现大学生的精神面貌和个人素质，直接关系同学们的身心健康。因此大学生应按照文明宿舍的创建标准和要求（表5-1-1），将维护整洁文明的寝室环境内化为自觉追求，外化为自觉行动。

表 5-1-1　文明宿舍评比赋分表

维度	项目	标准	分值	得分
安全（30）	设施设备管理（15）	爱护消防设施，保持完好	5	
		爱护床铺等家具，保持坚固安全	5	
		爱护公物，如需更换和维修，应及时申请	5	
	安全行为管理（15）	不私接电线、插座	2	
		不私自使用大功率电器	3	
		注意防火防盗，不使用明火，出入随手锁门，夜间注意关闭门窗	5	
		不存放刀具、管具、易燃易爆等危险物品	5	
整洁（25）	环境卫生（25）	保持门窗、窗帘、纱窗、窗台干净，玻璃明亮，天花板及墙壁无烟尘和蜘蛛网；地板保持干净，无纸屑果壳、无烟头、无污迹、无积水；及时清理垃圾篓	5	
		室内无乱贴、乱画和乱挂现象	5	
		床位按规定放置，不得随意移动，床铺被褥整洁干净、叠放整齐，床下鞋子摆放整齐	5	
		个人物品摆放整齐有序，洗漱用品统一放置，毛巾衣物统一悬挂晾晒	5	
		室内保持通风，无异味	3	
		禁止饲养宠物	2	

续表

维度	项目	标准	分值	得分
文明（30）	宿舍秩序（15）	学习气氛浓厚，宿舍秩序良好	5	
		遵守学校作息制度，积极参加体育锻炼	5	
		保持宿舍安静，不喧哗、不吵闹	5	
	遵守制度（15）	不传播封建迷信，严禁打架斗殴、赌博等违法乱纪现象	5	
		不传阅非法出版物和音像制品	5	
		未经允许不留宿外人	5	
和谐（15）	内部团结（10）	舍友之间要团结互助，尊重他人生活习惯和风俗习惯	10	
	满意度（5）	对所有成员进行满意度测评，低于50%的，扣除本项得分	5	
		总计	100	

1. 总体目标

"六净"：地面干净、墙面干净、门窗干净、玻璃干净、桌椅橱干净、其他物品干净。"六无"：无杂物、无烟蒂、无乱挂现象、无蜘蛛网、无酒瓶、无异味。"六整齐"：桌椅摆放整齐、被褥折叠整齐、毛巾挂放整齐、书籍叠放整齐、鞋子摆放整齐、用具置放整齐（图5-1-3，图5-1-4）。

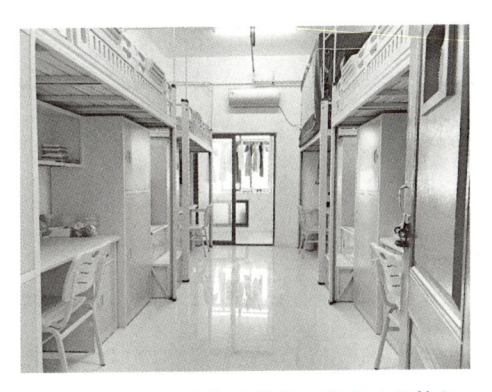

图5-1-3　干净整洁的学生宿舍（整体）　　图5-1-4　干净整洁的学生宿舍（局部）

第一节　日常生活劳动

2. 日常维护工作

每天应自觉做到"六个一"、自觉遵守"六个不",维护寝室良好环境。"六个一"即叠一叠被子、扫一扫地面、擦一擦台面、整一整柜子、理一理书架、倒一倒垃圾。"六个不"即异性宿舍不进出、外人来访不留宿、危险物品不能留、违规电器不使用、公共设施不损坏、果皮纸屑不乱扔。

此外,还要注意不在寝室养宠物,不在宿舍楼内抽烟,不在门口或走廊丢放垃圾,不在宿舍楼内运动,不在室内大声喧哗,不乱用公用设施等。

3. 营造寝室文化

寝室文化不仅是整洁优美的卫生环境,更体现为一种相互影响、彼此照应、和谐共进的良好氛围,它可以极大地促进同学们的文化修养和综合素质。可以根据寝室大部分人的特性、喜好等,营造出别具一格的寝室文化。如果寝室大多数人喜欢学习,便可以考虑建设学习型寝室;如果寝室大多数人喜欢运动,便可以考虑建设运动型寝室;如果寝室大多数人喜爱书画,便可以考虑建设艺术型寝室。此外还有创业型寝室、自强型寝室、友爱型寝室、逐梦寝室、音乐寝室等。为了激励全体寝室成员共同参与并长期坚持,可以实行与寝室文化相对应的"行为习惯养成计划""寝室团建活动安排"等,打造特色寝室。

知行合一

美化寝室活动

1. 整理衣柜。将衣柜划分出区域,充分利用空间,还可以购买一些多层收纳挂筐,这样既充分利用了收纳空间,又能将贴身衣物、帽子、包分类收纳。如果宿舍的衣柜里没有挂衣杆,可以用伸缩棒代替。

2. 美化桌面。对桌面物品进行整理,将其摆放整齐。可以采用实用的收纳工具,如网格板收纳,将其放置在桌面旁边的墙上,不仅能够将桌面的小物件收好,同时也是一种很好的装饰方式。

3. 桌下挂篮。桌下挂篮能创造隐形的收纳空间，用于放置各种小物件。

4. 床边收纳。床边挂篮和床边挂袋是寝室中非常实用的收纳和装饰工具，既能够放水杯、纸巾，还能放一些书，既避免爬上爬下来回拿东西，同时也可以保证床铺的整洁。

5. 墙体装饰。宿舍墙上可以张贴一些名人警句、励志图画、奋斗标语等，打造积极健康、向上向善的文化氛围。

（二）共同清理教室卫生

教室是学习知识的场所，教室卫生环境在一定程度上体现了一个班级的班风和学风。维护教室秩序和卫生，创造一个舒适、整洁、干净的学习环境，既是全班同学的共同责任，也是增强健康与卫生意识、提高个人劳动修养的重要途径（图5-1-5）。教室卫生打扫可以采取定时、定人、定量、定标准的"四定工作法"，即实行以班级卫生委员为中心，分管组织负责、人人参与的值日制度，每日按时打扫卫生，每周进行一次大扫除，做到责任清、标准细、质量高、要求严。

图 5-1-5　干净整洁的教室

教室卫生的打扫需要全班同学一起努力（图5-1-6）。值班同学要在上课前打开门窗和照明灯，下课后及时关好门窗、灯、电风扇等。全体同学要共同维护教室地面卫生，做到无纸屑、无污迹、无果皮、无食品袋等杂物，如发现有杂物，应主动捡起。教室内产生的垃圾要及时清理，不得留存到第二天。教室的门窗、玻璃要保持清洁，墙壁无划痕、无污物。课桌椅要有序摆放，做到整齐、干净。值班同学要主动为上课教师清理讲台、擦黑板。

图 5-1-6 打扫教室卫生

知行合一

制定教室卫生检查评比制度

由班级团支部和班委会集体讨论并制定本班教室环境卫生检查与评比制度，内容包括组织领导、检查制度、卫生标准、评比措施、激励办法等。

（三）维护实训室环境卫生

实训室是学生学习技能的主要教学场所，保持良好的实验实训环境是每个参与实训的人员的责任和义务（图 5-1-7，图 5-1-8）。进入实训室要自觉遵守各项卫生制度，养成良好的卫生习惯。不损坏门窗和公共财物，不在实训桌上乱写乱画，不乱扔垃圾，不随地吐痰；禁止吸烟和携带食物；工作台面要保持清洁，实验物品要摆放合理、有序、操作便利；要保持实训室内过道通畅，禁止放置私人物品、家具等。实训设施设备要在教师的指导下按照规程操作，严禁私自违规使用。实训废弃物品应放在指定的地点按时集中清理，有害有毒物质要按照规定存放，按相关要求处理，不得污染环境。消防器材要放在明显的、便于取用的位置，周围不得堆放杂物，严禁将消防器材移作他用。实训任务结束后，要关好门窗、水龙头，断开电源，进行安全检查，清理场地；还应建立卫生值日制度，安排专人定期打扫，定期检查实训室的环境卫生。

图 5-1-7　干净整洁的实训室
（信息技术专业）

图 5-1-8　干净整洁的实训室
（汽车工程专业）

知行合一

实训室卫生清扫活动

为强化实训室管理，给师生营造一个干净整洁的学习环境，进一步增强责任意识与服务意识，请组织开展一次实训室环境卫生集中清扫活动。

步骤一：由实训管理员对清扫时的注意事项和任务分工做详细的介绍和安排。

步骤二：对各个实训场所进行全面、彻底的打扫。

步骤三：分享劳动心得体会。

（四）校园公共区域的环境美化

校园是我家，环境靠大家。大学校园是我们集体生活和学习的地方，营造一个干净整洁、环境优美、生态和谐的校园是所有师生共同的责任。参加校园公共区域的环境美化活动可以历练劳动品质、增强集体主义观念，还可以体验"小集体，大能量"的集体荣誉感。校园公共区域的环境美化，可以是草地除草、清扫路面、植树绿化、清洗雕塑、墙体美化等（图 5-1-9，图 5-1-10）。

图 5-1-9　栽植纪念林活动　　　　　图 5-1-10　集体清理校园草坪

> **拓展视窗**
>
> **王倩：以辛勤劳动创造幸福之家**

从职业学院毕业的王倩被社会各界推选获得"安徽好人"荣誉称号。她不畏生活的艰辛，长期照顾患有疾病的母亲和弟弟，以及丧失劳动能力的父亲，靠一人柔弱的身躯扛起了一家四口的生活重担，赢得了社会各界的广泛赞誉。

王倩出生于大别山区的一个特殊家庭。6 岁起，她就和父亲一起照顾因患脑瘫而生活不能自理的弟弟和患有精神类疾病的母亲。后来，父亲腰椎滑脱，手术后基本丧失劳动能力。2017 年，王倩在老师们的帮助下，靠勤工助学顺利从安徽职业技术学院毕业，找到工作后，为方便照顾家人，王倩将他们接到身边，挑起家庭的重担。

每天早上，从起床的那刻起，王倩就像一个陀螺一样忙个不停。但生活的艰辛没有磨灭王倩的梦想，她坚持每天学习。经过两年半的努力，她学完安徽师范大学教育学专升本课程，顺利拿到本科毕业证书。由于生活负担很重，她经常需要在单位和家里来回跑，但她从未因此耽误过工作。相反，王倩在工作中勤恳负责、踏实肯干，现已成为部门主管。

对于王倩来说，生活有苦楚，但她从未低头，是她的坚强、勤勉让苦涩的生活开出了温情之花。

第二节　生产劳动

话题探讨

随着科技革命的蓬勃兴起，劳动工具趋向自动化，功能趋向智能化，简单的体力劳动和低技术劳动逐步被取代，有人认为当代大学生没有必要再进行辛苦的生产劳动了。对于这个观点，你怎么看？

课外链接 5-2

学校需要组织学生结合专业学习开展必要的生产劳动。学生要在工、农业等生产劳动中，体验从简单劳动、原始劳动向复杂劳动、创造性劳动的发展过程，学会使用工具，掌握相关技术，探索职业兴趣，感受劳动创造价值，增强产品质量意识，体会平凡劳动中的伟大。

一、勤工助学

1. 勤工助学的含义及岗位类别

勤工助学活动是指学生在学校的组织下，利用课余时间，通过劳动取得合法报酬，用于改善学习和生活条件的实践活动。勤工助学是学校资助学生的重要途径，既能在一定程度上解决家庭困难的学生的求学问题，也能满足学校管理、服务等方面的需要或社会的某种需求。目前，高校勤工助学在功能上已经完成了从单一的"经济资助"向"资助育人"的转变，发挥了促进学生综合素质特别是劳动素养提升的作用。

高校的勤工助学的岗位有很多种，既有校内的管理助理岗、文明监督岗、科技服务岗、安全值班岗、后勤服务岗，又有校外的家教、企事业单位的兼职等。校内勤工助学的岗位按照工作时间长短，一般划分为固定岗位、项目岗位、临时岗位三种（表5-2-1）。学生参与这些岗位的工作，除了可以获取一定的劳动报酬之外，更为重要的是可以培养吃苦耐劳、自力更生的精神品质，促使其提前进入"准职业"的状态，培养敬业负责的职业素养，增强适应岗位的职业技能，提高遵守岗位规矩的纪律意识，为今后的职业发展打下良好的基础。

表5-2-1　校内勤工助学的岗位类型

类型	性质	岗位任务举例
固定岗位	指持续一个学期以上的长期性岗位和寒暑假期间的连续性岗位	实验实训室管理、图书馆整理、自修室管理、食堂督察、校内秩序管理等
项目岗位	指在学校教育教学、管理服务工作中，将一些专项工作岗位设置为勤工助学岗位	项目资料的整理归档、教科研项目的辅助性工作等
临时岗位	指不具有长期性，通过一次或几次劳动即可完成任务的工作岗位	校园重大活动的秩序维护、临时性的交通管制等

校内勤工助学的岗位按照工作内容的不同，一般划分为工勤岗位、教辅助理岗位、技术岗位、创业岗位等。工勤岗位是大学生参与率最高的工作岗位，如实验实训室、机房、图书馆、大礼堂、体育馆等公共场所的保洁工作（图5-2-1）。这类劳动属于体力劳动，可以体会劳动的艰辛，学会珍惜劳动成果。教辅助理岗位对学生的综合素质、专业技能有一定要求，如档案管理助理、学生工作助理、实验实训室助理等。这类岗位可以培养统筹协调能力、灵活应变能力和观察分析能力。技术岗位对专业技术水平的要求较高，往往由高年级同学在教师的指导下完成，如助教、计算机维护、网络系统维护、专项课题调研等。这类岗位可以促进专业知识与社会实践的结合。创业岗位是在教师的指导下参与经营实体的创建与运营的岗位，往往以团队的形

式开展。参与这类岗位的锻炼，有利于培养创新精神、实践能力、科学素养和综合素质，发挥主观能动性，通过创造性劳动获得报酬。

图 5-2-1 勤工助学的学生进行图书整理和场地保洁

此外，还有各类校外勤工助学岗位。学生参与校外勤工助学实践时，一定要认真甄别，选择适合自身条件和能力的岗位，同时要向辅导员报备，注意安全风险。

2. 勤工助学岗位的申请与管理

具有正式学籍的在校生，道德品质好、敬业精神强、学有余力、身体健康，均可申请参加勤工助学。参加勤工助学的学生拥有的劳动权利包括：了解用工部门的情况和工作性质；拒绝用工协议之外的不合理要求；请求学校有关部门协调解决与用工部门发生的纠纷，保障自身的合法权益。参加勤工助学的学生应履行的劳动义务包括：认真完成教学计划规定的学习任务，不得以勤工助学的名义影响正常学业；积极参加除勤工助学之外的、学校组织的其他集体活动；履行与用工部门达成的协议，认真完成工作任务；遵守国家的法律、法规，遵守学校各项规章制度及用工部门的规章制度，维护学校声誉。

学校在勤工助学岗位确立后，将岗位名称、用工人数、工作内容、招聘条件等情况通过公开渠道统一向全校发布，便于学生选择合适的岗位。申请上岗的学生须填写《学生勤工助学上岗申请表》，然后到用工部门报名参加面试。对于被认定为家庭困难的学生，用工部门在同等条件下应优先录用。用工部门须与录用学生签订勤工助学用工协议书。学生上岗前，用工部门必须对其进行培训，进行安全、技术、岗位要求和职业道德的教育。用工部门应有负责人专门负责勤工助学工作，并指派思想素质好、业务能力和责任心强的工作人员指导。用工部门在用工结束时应对勤工助学的学生进行考评，考评结果报学生所在院系和学生资助管理中心，作为学生综合素质测评、奖学金等项目评选的依据之一。对于在勤工助学活动中违约、违纪、拒不接受管理者，不能胜任或出现失职行为者，用工部门可提出意见，经学校相关部门审查，可以解聘，并酌情给予批评或处分。

二、专业实训劳动

（一）校内专业实训

校内专业实训是指在校内实训场所、由教师指导学生完成专业实践教学的环节，是学生将理论知识同生产实践相结合的有效途径，是增强学生集体意识、劳动素养、专业技能和精神品质的实践途径。通过专业实训，学生可以了解生产全过程及生产组织管理等知识，在生产实践中将专业理论知识加以验证、深化、巩固和充实。

专业实训环节不同于课堂理论教学，但又是课堂教学的补充、延伸和检验，是整个专业教学的重要环节。特别是对于职业院校的学生，专业实训是提升动手能力的关键环节（图5-2-2，图5-2-3），实训成果是检验学生职业素养和专业技能的重要手段。

图 5-2-2　校内实训场景 1　　　　　　图 5-2-3　校内实训场景 2

学校根据各专业人才培养的实际需要，着力建设能够满足学生能力培养需求的专业实训室（表 5-2-2）。学生参加校内专业实训，要按照实训项目任务书（表 5-2-3）的要求，在教师的指导下，按照规定的实训流程和实训内容进行操作（表 5-2-4），结合课堂所学的理论知识，勤于动手，反复练习，精益求精，同时注意实训安全，不得因私自违规操作而造成实训设备设施的损坏。

表 5-2-2　汽车检测与维修技术专业实训室一览表

	实训室名称	主要实训项目
校内实训室	专业基础实训室	汽车电工电子仿真实训、汽车机械基础仿真实训
	汽车发动机拆装实训室	汽车发动机拆装
	汽车发动机电控实训室	汽车发动机电控系统故障检修
	汽车电器实训室	汽车电器故障检修
	汽车维修仿真实训室	汽车故障维修实训
	汽车保养实训室	汽车保养实训
	汽车空调实训室	汽车空调维修实训
校外实训基地	×××汽车服务公司	汽车维修跟班实习、顶岗实习
	×××汽车公司	汽车维修跟班实习、顶岗实习

第二节　生产劳动

表 5-2-3　汽车底盘实训项目任务书

项目序号	实训项目	实训任务内容
项目一	离合器	1. 了解离合器的作用及基本结构 2. 观察分析离合器在汽车上的位置和操纵机构的连接关系 3. 能正确检测离合器从动盘、压盘、膜片弹簧和分离轴承 4. 掌握离合器的踏板自由行程的调整要领
项目二	手动变速器	1. 观察变速器与发动机的联结关系，了解变速器操纵机构的结构特点 2. 了解并掌握变速器壳体、换挡机构、齿轮及轴的表面损伤的检测方法 3. 掌握同步器磨损、齿轮轴的弯曲变形及磨损的正确检测方法
项目三	自动变速器	1. 掌握自动变速器的功用、构造 2. 掌握自动变速器拆装顺序及要领 3. 了解一些常用和专用工具的使用方法
项目四	万向传动装置	1. 了解万向传动装置的组成及其主要零件的装配关系 2. 掌握传动轴及主要部件的拆装要领 3. 掌握万向传动装置主要零件的检测项目与方法
项目五	驱动桥	1. 掌握驱动桥的功用、结构 2. 掌握驱动桥的拆装顺序及要领 3. 了解驱动桥在汽车上的安装及注意事项
项目六	行驶系统	1. 掌握行驶系统的功用、构造 2. 掌握行驶系统的拆装顺序及要领 3. 了解拆装行驶系统的注意事项
项目七	转向系统	1. 掌握转向系统的组成、功用、构造 2. 掌握转向系统的拆装顺序及要领 3. 了解拆装转向系统的注意事项

表 5-2-4　校内专业实训指导案例

应用化工技术专业精馏实训项目	
实训目的	1. 掌握精馏的工艺流程，认识精馏的主要设备
	2. 掌握精馏的操作方法，了解操作条件对精馏分离效果的影响
实训步骤	1. 操作前准备。检查流程中设备、原料是否处于正常状态
	2. 从原料取样点取样分析原料组成；启动进料循环泵，当塔釜液位计达到 300 mm 时，停止循环泵
	3. 打开再沸器加热开关，将电压调至 200 V，加热塔釜内原料液
	4. 打开塔顶冷凝器冷却水进水阀，当回流罐液位高度达到 100 mm 左右时，启动回流泵进行全回流操作
	5. 每 5 分钟记录一次数据，同时分别取样检测回流产品浓度
	6. 正常停止。关闭回流泵，停止再沸器加热；关闭塔顶冷凝器的冷却水，关闭电源
岗位能力培养	1. 培养化工设备的基本操作技能
	2. 培养独立进行精馏开停工操作技能

（二）企业跟岗实习与顶岗实习

1. 跟岗实习和顶岗实习

跟岗实习和顶岗实习都是职业院校学生按照专业培养目标和人才培养方案参与的实践活动，由学校安排或者经学校批准后到企业进行专业技能的培养。跟岗实习是指不具有独立操作能力、不能完全适应实习岗位要求的学生，由学校组织到实习单位的相应岗位，在专业人员的指导下参与辅助性工作的活动。顶岗实习是指初步具备独立工作能力的学生，到相应的实习岗位，相对独立地参与实际工作的活动（图 5-2-4，图 5-2-5）。

跟岗实习和顶岗实习是增强学生综合能力的基本环节，是在真实的生产环境中进行的，可以促进理论与实践相结合，实现校企协同育人，将职业精神的养成贯穿于实习全过程，促进职业技能与职业精神的高度融合，服务学生的全面发展，提高技术技能人才的培养质量和就业创业能力。

图 5-2-4　连锁经营管理专业学生的顶岗实习

图 5-2-5　机械工程专业学生的顶岗实习

2. 跟岗实习和顶岗实习的组织与管理

跟岗实习和顶岗实习要进入企业真实的生产环境，开展实际生产操作，对接相关职业标准或企业岗位规范，结合生产过程和典型工作任务，强调实习的职业性和针对性（表 5-2-5），因此，这类劳动可以充分锻炼学生的职业技能。如化工技术（类）专业顶岗实习规定，要面向化工生产一线的现场操作、总控操作、生产工艺控制与技术管理岗位（群）或技术领域，实习企业原则上是化工生产型企业，从事一般化学品生产与经营活动，能提供化工生产操作、工艺技术管理岗位等实习工作。

表 5-2-5　建筑装饰装修工程施工技术管理岗位实习内容

实习项目	时间	工作任务	职业技能与素养
建筑装饰装修工程施工技术管理	5~6周	1. 参与编制施工方案，进行施工组织设计及策划 2. 参与图纸会审与技术交底 3. 参与现场施工技术管理 4. 协同进行质量、安全与环境管理 5. 根据现场实际情况，综合各方面影响因素，对问题提出解决方案	1. 具有较强的建筑装饰装修工程主要工种的操作能力和统筹协调能力 2. 具有建筑装饰工程项目管理、造价控制能力 3. 具有绘图软件的应用能力 4. 具有执行相关规范和技术标准的能力 5. 具有科学严谨的工作态度和团队协作、吃苦耐劳的精神，遵守行业规范 6. 具有节约资源、保护环境和科学施工的意识 7. 具有独立判断和解决问题的能力，能够坚持原则、秉公办事

大学生应积极参加学校组织的实习活动，尽量避免自行联系实习单位，主要原因是：一是从安全角度考虑。一般情况下，学校在选择实习单位时，要对实习单位的经营资质、诚信状况、管理水平、实习岗位性质和内容、工作时间、工作环境、生活环境及健康保障、安全防护等方面进行考察和评估，有一定的安全保障。二是从教学组织角度考虑。一般情况下，学校联系、安排实习前，会根据专业人才培养方案，与实习单位共同制订实习计划，明确实习目标、实习任务、必要的实习准备、考核标准等，并开展相关培训，使学生了解各实习阶段的学习目标、任务和考核标准。

在跟岗实习和顶岗实习前，要及时参加学校组织的动员及培训会，了解实习目标、实习任务和考核标准，并熟悉相关的管理制度和安全要求。在实习过程中，要接受教师和企业师傅的指导和管理，按照专业实习标准的内容（表5-2-6，表5-2-7），服从企业的岗位安排，积极完成实习任务，按时填写实习日志。遇到困惑和困难时，要及时向指导教师和班级辅导员反映。实习结束后，学校要对学生在实习过程中表现出来的职业道德、职业素养、劳动态度、沟通交流能力、团队协作能力及组织纪律表现等方面进行考评。

表5-2-6 企业顶岗实习指导案例1：酒店管理与数字化运营专业实习任务书

实习地点	×××大酒店餐饮部
实习目标	通过为期6个月的顶岗实习，熟悉实习单位的企业文化、管理制度、经营理念、经营定位，熟悉所在部门各岗位的主要业务流程与业务标准，掌握主要岗位的业务技能，了解产品特征。结合所学专业知识，加深对酒店行业、企业的认知，树立正确的职业价值观和职业理想
实习内容	1. 了解实习酒店的企业文化和企业发展情况 2. 了解实习酒店餐饮部的岗位设置情况及业务内容 3. 熟悉实习酒店主要的客源状况与特征 4. 熟悉实习酒店的客房产品定位、定价与服务水平 5. 了解实习酒店餐饮部的员工培训体系 6. 掌握实习酒店餐饮部各岗位的业务流程 7. 掌握实习酒店餐饮部主要岗位的服务技巧 8. 收集酒店经典服务案例或投诉处理案例两篇（优秀和劣质案例各1篇），并加以分析评论，与实习报告一起上交

续表

实习要求	知识与技能要求	1. 具备良好的政治理论素养、中英文基础知识、计算机与信息基础知识等 2. 具备与本专业职业形象与服务礼仪相关的知识，有良好的沟通能力 3. 对酒店市场营销、酒店财务管理、酒店人力资源管理、酒店公共关系等现代管理知识有一定的了解 4. 具备酒店法规与安全知识、食品卫生与现场救护知识 5. 具备一定的审美意识、创新精神、自我学习能力
	岗位履职要求	1. 爱岗敬业，注重职业形象，维护企业形象 2. 接受过餐饮业务方面的专项培训 3. 了解并掌握餐饮部的服务程序和服务标准，具有熟练的服务技能 4. 了解菜品的生产过程，并具有讲解主要菜品的能力 5. 能够熟记菜单、酒单的内容和价格 6. 表达能力强，具有一定的应变能力，掌握一定的外语基础，能进行基本的服务英语会话 7. 身体健康，无传染性疾病
	纪律与安全要求	1. 学生在外实习期间仍应服从学校管理，自觉遵守校纪校规、《××学院学生手册》和《××学院学生顶岗实习管理手册》等有关规定 2. 学生在企实习期间，须遵守企业依法制定的各项管理规定，严格保守企业的商业秘密 3. 依照实习岗位要求，按时上下班，不迟到、不早退，不随意旷工 4. 严格执行请假制度，请假须得到校、企双方实习指导教师的共同批准，方可生效 5. 严格执行岗位安全操作规范，注意防范用电、用火的安全事故，不进行危险操作，熟悉企业安全事故应急处理预案

表 5-2-7　企业顶岗实习指导案例 2：电子信息工程技术专业企业实践

活动设计基本信息			
活动名称	电子信息工程技术专业企业实践	活动类型	生产劳动
活动地点	×××股份有限公司	活动规模	110 人
活动设施与材料	生产材料及设备	活动时间	6 周

活动内容分析	
活动内容	电子信息工程技术专业生产性实习的教学时间为 6 周，安排在×××股份有限公司进行，学生在企期间应学习安全规范、明确岗位职责、掌握具体的操作要求，培养质量意识和工匠精神
学情分析	学生对企业生产劳动的真实场景接触较少，对生产实践了解不多，在工作中难免存在紧张和畏难情绪，指导教师在要求同学们积极参与生产劳动的同时，要帮助大家调适心理，培养其安全意识、质量意识和一丝不苟的劳动态度

活动目标及要求	
活动目标	1. 熟悉企业文化、安全知识、操作要求、质量标准 2. 培养职业道德和职业意识 3. 针对产业结构进行技能训练 4. 能完成跟班生产任务 5. 培养团队合作精神
活动要求	1. 掌握扎实的理论知识和相关技能，并能将其有效迁移到工作岗位中 2. 结合生产劳动中发生的实际问题，及时向指导教师请教，在劳动实践中提高学习的热情 3. 体验生产与日常课内实训的区别，树立爱岗敬业的劳动态度

拓展视窗

00 后大学生徐翔：拼贴瓷砖"拼"成全省"技术能手"

徐翔是扬州工业职业技术学院的学生，他大学学的是建筑装饰工程技术，但他的双手粗糙得让人难以相信这是属于 00 后的双手。2020 年 8 月，第一届全国技能大赛"室内装饰设计项目"江苏省赛招募选手，他毫不犹豫地报了名，并在学校选拔中脱颖而出。备战的日子里，学院为他制定了专业的训练计划，并且聘请了师傅对他进行一对一指导。

第二节　生产劳动　　147

为达到精确的要求，备战期间，一个操作往往要重复几百遍，常常还需要跪着操作。最难的是切割弧度，对臂力要求很严格，操作也有危险，不能有一丝懈怠。就这样瓷砖贴了一遍又一遍，贴完记录下数值再清理掉，继续重来，直到完全没有误差。

"瓷砖贴面项目的评分标准非常严格，我对自己的要求是A4纸不能插进去。"贴砖比赛不仅需要反复操作，还需要思考和总结，比如，先计划每一道工序需要多长时间，然后每次完成训练后仔细对比、寻找差距、调整方案。在重复了不知道多少次的操作后，徐翔终于运用自如，膝盖上也磨出了一层茧。

拌砂浆、量墙面、线切割、磨边角……戴着耳塞和安全帽的徐翔驾轻就熟、缜密有序。在备赛时，徐翔不断锤炼技能，他拼出的"匠"字也刷新了现场观众对"精准"一词的理解。正是凭借这份坚持与努力，在省赛中，徐翔获得了一等奖，并获得了"江苏省技术能手"证书。

第三节　服务性劳动

话题探讨

你认同"我为人人，人人为我"这句话吗？请谈谈理由。

课外链接 5-3

服务性劳动旨在让学生利用知识、技能等为他人和社会提供服务，在服务性岗位上见习、实习，树立服务意识，实践服务技能，在公益劳动、志愿服务中强化社会责任感。

一、志愿服务

1. 志愿服务的含义

志愿服务，是指志愿者、志愿服务组织和其他组织自愿、无偿向社会或者他人提供的公益服务。从事志愿服务的主体有志愿者、志愿服务组织和其他组织。志愿者，是指以自己的时间、知识、技能、体力等从事志愿服务的自然人。志愿服务组织是依法成立，以开展志愿服务为宗旨的非营利性组织。其他社会组织也可以依法依规进行志愿服务，大学生志愿服务社团就属于这类范畴。

志愿服务的对象是社会或他人，体现公益性，最本质的特征是自愿和无偿。提倡"自愿"，就是要从主观意愿上有服务社会和他人的意识，对劳动光荣有正确的认识；提倡"无偿"，就是要弘扬乐于助人的奉献精神，培养优秀的劳动品质。志愿服务的精神概括起来是：奉献、友爱、互助、进步。奉献精神是志愿服务精神的精髓。志愿者高尚的奉献精神体现在不计报酬、不求名利、不要特权的情况下参与推动人类发展、促进社会和谐的活动。友爱精神体现在志愿者欣赏他人、与人为善、有爱无碍、平等尊重之中。在志愿者眼里，社会和人群没有职业和贫富差别，超越了文化差异、种族之分。互助精神提倡"互相帮助、助人自助"。志愿者凭借自己的双手、头脑、爱心开展各种志愿服务活动，帮助那些需要帮助的人们走出困境、自强自立、重返生活舞台。进步精神是志愿服务精神的重要组成部分，志愿者通过辛勤的志愿服务劳动，促进社会公平、和谐、发展。

拓展视窗

中国志愿服务和中国青年志愿者标识

中国志愿服务标识以汉字"志"字为基本原型，以中国红为基本色调，蕴含丰厚的文化内涵，同时具有"中国志愿服务"的中英文字样，多处巧妙地以志愿者英文单词"volunteer"的首字母"V"构图，体现了中国志愿服务与国际的交流、接轨与交融。

"志"字的上半部分是一只展翅飞翔的鸽子，鸽子是和平的使者、友好的象征；"志"字的下半部分由中国书法中草书的"心"字构成，同时也是一条飘逸的彩带，表现了志愿者在开展志愿服务时的愉悦心情，也象征着志愿者将爱心连接在一起，服务他人、奉献社会。整个标识寓意用爱心托起梦想、用爱心放飞梦想，充分体现了社会主义核心价值观的内在要求，展示了奉献、友爱、互助、进步的志愿精神（图5-3-1）。

图 5-3-1 中国志愿服务标识

中国青年志愿者标识的整体构图为爱心的造型，同时也是英语"青年"（youth）的第一个字母"Y"；图案中央既是手，也是鸽子的造型，与红色的背景构成爱心图案。标识寓意中国青年志愿者向社会上所有需要帮助的人奉献爱心，伸出友爱之手，面向世界、奔向未来，表现青年志愿者"热心献社会，真情暖人心"的主题（图5-3-2）。

图5-3-2　中国青年志愿者标识

2. 志愿服务的类别

志愿服务的类别很多，包括但不限于以下12类服务：

（1）大型活动服务：全国、省、市、县（区）的行政区域内大型社会公益活动的现场引导、信息咨询、语言翻译、礼仪接待、团队联络、应急救助、技术指导、秩序维持等服务；

（2）应急救援服务：自然灾害、重大事故、公共卫生和社会安全事件发生后，在当地人民政府设立的应急指挥机构的统一指挥协调下，开展的防灾救灾、心理干预、医疗卫生、排危重建等服务；

（3）社会公共服务：协助党政部门或者其他各类社会机构实现各种公共服务职能而提供的如维持秩序、教育群众、疏通情绪等服务；

（4）生活帮扶服务：为孤寡老人、病残人员、农村留守人员、外来流动人员等弱势群体提供必备的生活物资、精神慰藉、文化娱乐服务；

（5）支教助学服务：为贫困地区提供的支教、捐书、赠学、文化下乡等服务；

（6）卫生保健服务：为城乡社区居民提供的义诊、健康保健等服务，为贫困地区开展的送医、送药、常见疾病防治知识宣传等服务；

（7）法律服务：为公民、法人或其他组织提供相关政策法规的宣传、讲解等；

（8）环境保护服务：开展各类节能减排、护水护绿、防治污染等活动及环保知识宣传；

（9）科技推广服务：开展各类科普知识宣传、技术推广和运用等服务；

（10）治安防范服务：开展治安宣传、治安巡逻、公共财物看护、禁赌

第三节　服务性劳动

禁毒、社区矫正和防范违法犯罪等服务；

（11）公共文明引导服务：针对公共场所各类不文明行为，开展劝导、引导、纠正等服务；

（12）群众文化服务：开展群众文化活动组织、文化培训和文艺演出等服务。

3. 大学生社团组织的志愿服务

最常见的大学生志愿服务类社团有青年志愿者协会、青年志愿者联合会、红十字会等。从组织层级上，可以将大学生志愿服务类社团分设校级和院级两个层面；从服务的区域范围上，可以将大学生志愿服务项目分为社会服务和校园服务两个方面；从志愿服务的内容上，可以分为敬老爱老、病残帮扶、义务家教、活动保障、应急救援、学生服务、环境维护、公益宣传等（表5-3-1）。

表 5-3-1 大学生志愿服务项目的主要类型

类型	服务内容
扶贫帮困类	为残疾人、老年人、失学儿童、特殊困难家庭等群体，提供力所能及的帮扶；进入社区或者敬老院、福利院，给老人和孩子们情感的关怀，为其提供力所能及的服务（图5-3-3） 

图 5-3-3 大学生志愿者开展敬老活动

续表

类型	服务内容
环境维护类	围绕校园绿化美化、公共场所清理、环境保护宣传、环境保护教育等主题开展志愿服务活动（图 5-3-4） 图 5-3-4　大学生志愿者在美化校园
宣传公益类	开展法制、献血、禁毒、食品卫生安全、传染病防治等知识的宣传活动，培养大学生感恩社会、回报社会、奉献社会的精神（图 5-3-5） 图 5-3-5　大学生志愿者在进行禁毒宣传

第三节　服务性劳动

续表

类型	服务内容
活动保障服务类	为社会和学校组织的各类大型活动（如各类典礼与仪式、运动会、报告会、就业招聘会等）提供礼仪引导、秩序维护、用品发放、沟通联络、资料整理、数据统计等服务（图5-3-6，图5-3-7） 图5-3-6 大学生志愿者参加学校迎新活动  图5-3-7 大学生志愿者为学校运动会提供志愿服务

大学生参与志愿服务，可以强化"劳动最光荣、劳动最崇高、劳动最伟大、劳动最美丽"的观念，培育勤俭精神、奋斗精神、奉献精神、创新精神，还可以在有益、有趣的服务性劳动中提高自身的劳动技能，逐步完善自我。此外，参加校内外各类志愿服务活动可以用实际行动践行社会主义核心价值观，传递爱心，展现新时代新青年独有的精神风貌，传播育己为人的时尚道德新风尚（表5-3-2）。

表5-3-2　大学生志愿服务活动案例

活动主题	活动内容	实施过程	效果分析
青春志愿行孝老一家亲	尊老敬老爱老助老志愿活动	10月15日下午，××大学30名志愿者前往××老年城开展以"百善孝先行·九九敬老情"为主题的志愿服务活动。大学生志愿者们与老人交流聊天，倾听老人的经历，讲述自己的生活；分发水果等慰问品；邀请艺术团志愿者表演精彩的文艺节目；与老年朋友一同歌唱经典红色歌曲	培养了社会实践能力和社会公德意识，弘扬了中华民族敬老爱老的传统美德
莘莘学子书桌情·只留书香不留痕	校园整理清扫志愿活动	4月24日上午，校团委组织100多名志愿者前往图书馆和教学楼，开展以"莘莘学子书桌情·只留书香不留痕"为主题的志愿服务活动。志愿者分为两组，一组前往图书馆协助图书馆管理员整理图书资料，另一组前往教学楼对每一间教室的课桌进行清扫保洁	志愿者们热情高涨，不怕苦、不怕累、不怕脏，顺利地完成了预定任务，为创建文明校园奉献了自己的力量
重新出发毅站到底	2021年××区第四届环湖毅行志愿活动	10月1日清晨，××区政府举办第四届环湖毅行活动，××大学团委选出100名志愿者前往协助。志愿者们承担了现场引导、秩序维护、保健护理、计时统计、助力加油等服务工作	青年学子在现实生活中为群众办实事，展示了大学生志愿者健康向上、脚踏实地、不辞辛苦的风貌，彰显了青年一代的时代担当

第三节　服务性劳动

拓展视窗

习近平给复旦大学《共产党宣言》展示馆党员志愿服务队全体队员的回信

复旦大学《共产党宣言》展示馆党员志愿服务队全体同志：

来信收悉。100年前，陈望道同志翻译了首个中文全译本《共产党宣言》，为引导大批有志之士树立共产主义远大理想、投身民族解放振兴事业发挥了重要作用。现在，你们积极宣讲老校长陈望道同志追寻真理的故事，传播马克思主义理论，是一件很有意义的事情。希望你们坚持做下去、做得更好。

心有所信，方能行远。面向未来，走好新时代的长征路，我们更需要坚定理想信念、矢志拼搏奋斗。希望广大党员特别是青年党员认真学习马克思主义理论，结合学习党史、新中国史、改革开放史、社会主义发展史，在学思践悟中坚定理想信念，在奋发有为中践行初心使命，努力为实现"两个一百年"奋斗目标、实现中华民族伟大复兴的中国梦贡献智慧和力量。

习近平

2020年6月27日

二、大学生"三下乡"社会实践活动

大学生"三下乡"社会实践活动是指"文化、科技、卫生"下乡。文化下乡包括图书、报刊下乡，送戏下乡，送电影、电视下乡，开展群众性文化活动；科技下乡包括科技人员下乡，科技信息下乡，开展科普活动；卫生下乡包括医务人员下乡，扶持乡村卫生组织，培训农村卫生人员，参与和推动当地合作医疗事业发展。

20世纪80年代初，中国共青团中央首次号召全国大学生在暑期开展"三下乡"社会实践活动。1996年12月，中央宣传部等十部委联合下发《关于开展文化科技卫生"三下乡"活动的通知》。1997年，"三下乡"活动在全国正式开展。近年来,"三下乡"活动已成为各大高校锻炼学生社会实践能力的一种重要的常规性活动,也是考核学生综合素质的重要指标。

拓展视窗　　2021年全国大中专学生志愿者"三下乡"社会实践活动重点团队

党史学习实践团。主要依托各地红色资源,组织青年学生开展重走红色足迹、追溯红色记忆、访谈红色人物、挖掘红色故事、体悟红色文化等多种形式活动,引导青年学生学史明理、学史增信、学史崇德、学史力行,更好地传承红色基因、担当时代责任。学生党员要积极开展"我为群众办实事"实践活动,展示新时代青年共产党人的良好风貌。

理论宣讲实践团。紧密围绕学习宣传贯彻习近平新时代中国特色社会主义思想,组织引导青年学生将理论学习与社会实践相结合,同时将学习党的历史与讲述党的故事结合起来,深入一线基层、深入人民群众,面对面开展小规模、互动式、有特色、接地气的宣讲活动。

国情观察实践团。注重以疫情防控重大战略成果、脱贫攻坚历史性成果、全面建成小康社会决定性成就等为现实教材,组织青年学生开展参观考察、国情调研、学习体验等活动,引导青年学生领悟党的领导、领袖领航、制度优势、人民力量的关键作用,形成正确认识,坚定理想信念。

乡村振兴实践团。着眼于帮助和引导更多青年学生了解认知当前的乡村状况、在未来踊跃参与乡村振兴战略实施,面向广大乡村特别是中西部地区、少数民族聚居区和欠发达地区乡村,组织开展科技支农、科普宣讲、调研献策、志愿服务等形式的实践活动。

民族团结实践团。贯彻落实第三次中央新疆工作座谈会和中央第七次西藏工作座谈会精神,组织内地新疆籍、西藏籍大学生开展"民族团结我践行"社会实践活动,组织内地大学生到新疆、西藏等地开展国情考察、地球第三极保护行动等社会实践活动。

大学生"三下乡"社会实践活动是服务基层、服务"三农"的重要惠民活动，涉及面广，内容丰富，形式多样。在社会实践的过程中，大学生结合自己所学的专业知识、技能特长，在农村开展多种形式的宣讲和服务活动，参与新农村的建设。从实践情况来看，有的团队将三下乡活动内容与群众的生产生活实际情况联系起来，帮助农民培训技能、开发项目、发展生产、增加收入；有的团队组织宣传队、演出队、科普队等，深入基层，把"送"与"建"结合起来，宣讲党和国家的方针政策，引导农民解放思想、更新观念、提高素质；有的团队结合时代发展的热点话题，深入农村开展调查研究，积累大量第一手资料，形成建设性的发展建议；有的团队着眼于解决农牧民的切身利益问题，积极帮助困难家庭找出路、谋创业；有的团队积极关爱残疾人、老年人，关爱农村妇女儿童，为他们送温暖、办实事。

拓展视窗 "永远跟党走，奋进新时代"：××学院2021年"三下乡实践活动"纪实

2021年暑假期间，××学院团委组织开展了以"永远跟党走，奋进新时代"为主题的大学生暑期"三下乡"社会实践活动（图5-3-8）。75名师生组建了3支队伍，分别奔赴三个乡村开展了实践活动。本次实践活动内容丰富、形式多样，主要围绕传承红色文化、党史学习教育、助力乡村振兴、共建生态文明、开展助民服务、关爱留守儿童、慰问孤寡老人、组织理论宣讲等多个方面，在实践地开展了一系列富有成效、各具特色的社会实践活动。

图5-3-8 "三下乡"实践团队整装待发

为进一步巩固脱贫攻坚成果，引导青年学子关注国家乡村振兴战略，积极参与乡村振兴工作，"我为群众办实事"乡村振兴实践队走进学校对口帮扶村——××村，充分发挥指导教师和青年学生的专业技能与特长，为群众办实事、办好事，深入开展助力乡村振兴实践活动。实践团队积极组织开展了以防电信诈骗、防儿童溺水、垃圾分类为主题的宣讲活动，宣传号召村民树立"美丽乡村"意识。其中，以艺术设计学院10名师生主导，其他队员参与协助，充分发挥专业特长，共同完成了"美丽乡村"墙绘（图5-3-9），创新推动生态文明建设宣传。

图5-3-9 "三下乡"实践团队墙绘作品

为引导青年学生进一步接触社会、了解国情、增进实干，增强社会责任感和历史使命感，"小岗四十三年"国情观察实践队走进中国改革开放包产到户发源地——凤阳县小岗村，切实感受到了社会主义现代化建设和改革开放的历史性成就，深刻了解了我国经济社会发展的新面貌、新成就（图5-3-10）。

为引导和帮助广大青年学生上好与现实紧密结合的"大思政课"，结合学校党史学习教育活动的开展，"红色文艺轻骑兵"红色文化实践队先后参观了金寨县革命博物馆、红二十五军部旧址、金寨县红军纪念馆、独山革命旧址群和渡江战役纪念馆等红色教育基地（图5-3-11）；走访了抗美援朝老兵徐海清的家，倾听革命故事。师生们回顾波澜

图5-3-10 "三下乡"实践团队参观"大包干"纪念馆

图5-3-11 "三下乡"实践团队重走革命路

第三节 服务性劳动

壮阔的革命历史，追忆星火燎原的革命征程，从浴血奋战中强烈感受到了革命先辈们大无畏的奋斗精神，纷纷表示要沿着革命先辈的足迹勇往直前，传承红色基因，传播红色文化。

艰辛知人生，实践长才干。"三下乡"社会实践活动是大学生认识社会、服务社会的平台，是加强和改进大学生思想政治教育、开展劳动素质教育、培育时代新人的重要途径。在相对艰难的条件下开展社会劳动实践，可以帮助大学生了解社会、开阔视野，培养大学生吃苦耐劳的精神，磨砺不畏艰难的意志，大学生在实践过程中可以发挥专业优势，走理论与实践相结合的道路，受教育、长才干，为今后的成长积累经验。

三、社会调查

大学生参与社会调查，既是利用自身特长服务社会的体现，也是接受劳动教育、增长专业技能的一条重要途径，对于增强劳动意识、提升劳动能力、培养劳动素养具有重要意义。在调查实践的过程中，大学生可以锻炼专业能力，提升团队协作能力，锻炼创新能力；还可以在调查过程中全面了解社会现象，加深与劳动人民的联系，尊重劳动创造和成果。

1. 社会调查的含义

社会调查是社会调查和研究的简称，是指人们为达到一定目的，有意识地通过对社会现象的系统考察、全面了解、详细分析和深入研究，来把握社会真实情况及发展趋势的一种自觉的、科学的认识活动。

社会调查的主体既可以是个人，也可以是组织。调查的对象既可以是社会系统，如自然资源、人口与文化、社会组织与阶层等；也可以是针对某种社会现象或社会事实对某个社会群体进行调查，如青少年诚信守法状况、大学生课外阅读现状、大学生消费状况等。

2. 社会调查的方法

（1）实地观察法，即调查者亲自到现场进行观察和计量，以取得所需资料的一种调查方法。其具体做法有：调查者到现场直接观察被调查对象的直接观察法；利用各种仪器对被调查对象的行为进行测录的行为记录法；通过一定的途径，观察事物发生变化后的痕迹，收集有关信息的痕迹观察法等。对商品库存的盘点、对农产量的实割实测等，属于直接观察法。这种方法的优点是直接、简单、灵活，资料比较可靠，局限性是有时会受到现场和时空的限制，或者是容易受到一定程度的干扰。

（2）访问调查法，即调查者应用口头交谈的方式，向被调查者提出问题，由被调查者回答，以此了解现象、获得信息的一种方法。根据一次访问人数的多少，访问法可分为个别访问和集体访问。个别访问是指每次只访问一个被调查者，这是访问法通常采用的方式。个别访问要先记录每个被调查者的回答，然后再对资料进行整理、汇总、分析，得出对调查对象总体的认识。集体访问即每次访问多个被调查者，有时也称座谈会或调查会。集体访问不仅具有一般访问中所具有的访问者与被访问者之间的相互影响和作用，而且还会出现被访问者之间的相互影响，这就要求访问者要能够熟练地掌握和运用访谈技巧，发挥组织协调能力。访问法的优点是可以发挥调查双方的积极性和主动性，提高资料的可靠程度。局限性是很难完全排除被调查者的主观因素的影响，而且对人力、物力、财力、时间的花费都比较大。

（3）文献调查法，即以各种文献资料、原始记录作基础，摘取有用信息、取得调查结论的方法。文献调查法充分借鉴和利用前人和他人既有的劳动成果，可以跨越时间和空间的限制，是许多调查者获取知识和信息的首选方法。调查者在阅读文献的过程中，要紧密围绕调查目的，对文献资料的内容进行客观分析、合理筛选、整理和提炼。文献调查法的优点在于方便、自由、安全、省时、节省资金、效率较高，且受外界制约较少。这种方

第三节　服务性劳动

法的局限性在于需要对文献的真实性、可靠性、全面性进行必要的分析和判断。

（4）问卷调查法，即根据调查的要求，将调查项目编制成调查问卷，由被调查者按照要求回答，以取得统计数据的一种方法。问卷可分为开放式问卷、封闭式问卷和混合式问卷三种类型。开放式问卷中的问题没有固定答案，填写人可自由回答；封闭式问卷中的差别题有固定答案，填写人只能从中选择；混合式问卷介于前两者之间，既有固定选择的内容，又有自由回答的内容。由于问卷调查方式对被调查者没有约束力，因此能否引起被调查者的参与兴趣就成为调查成功与否的关键。

3. 调查报告的撰写

调查报告是调查结果的书面反映，是对调查过程的总结、分析、论断。调查报告是应用文的一种，主要以文字、图表等形式将调查研究的过程、结果、研究结论、对策建议展现出来。一般来说，调查报告可以分为标题、前言（包含调查背景、调查目的等）、调查情况概要（包含调查主体、调查对象、调查方式、调查过程的描述等）、调研结论、建议与对策等几部分，可以根据实际情况有所变动，不求千篇一律。

知行合一

设计一份调查问卷

请以"当代大学生课外阅读情况调查"为题设计一份调查问卷。

要求：包括问卷的开头部分（问候语、填写说明、问卷编号等）、甄别部分（设定必要的选项以便对被调查者进行过滤后筛选出目标对象）、主体部分（包括所要调查的全部问题，要设计出与调查目的有关的题目，避免可有可无的题目）、背景部分（主要是与被调查者有关的一些背景资料，以备进行分类比较，此部分需要告知保密承诺）。

案例品读　东北大学新疆研究生支教团的希望之旅

东北大学新疆研究生支教团成立于2006年,截至2017年,已有59名东北大学志愿者分11批次赴新疆支教。

这11年来,支教团成员除了教学,还积极开展爱心公益项目,参与当地的扶贫建设,创立"安利彩虹"超市,开设"筑梦学途"公益课堂,建立"在线支教"网络课堂,打造"疆爱津行"志愿服务公益品牌项目。支教团向社会募捐图书馆管理设备、多媒体教学设备、图书、衣物、学生学习用品及体育器材等物资,折合人民币累计90余万元,通过"疆爱津行"奖助学金等方式,累计发放爱心善款10余万元。

这11年来,支教团带去的除了知识,还有走出去的希望。哈萨克族高二女生罗扎·别尔克别克的母亲身患疾病,一家三口住在土坯房里。然而生活的窘迫并没有击垮这个坚强的女孩,她的学习成绩一直排在年级前列。支教团为了鼓励她继续学业,不仅为罗扎买了新衣服、新鞋,还通过公益活动为罗扎争取到每年2 000元的资助。2016年8月,罗扎收到了伊犁师范大学的录取通知书。

"不让一个孩子因为贫困而失学!绝不!"这是支教团成员的日记摘录。这些年来,支教团成员到布尔津县19所中小学接力支教,他们开设爱心公益补习班,组织梦想讲坛,打造了融公益课堂、素质拓展、兴趣社团于一体的"筑梦学途"公益课堂体系,累计受教育人数达18 647人。

在西部支教,播种希望的同时也在收获着希望,志愿者们体会到的感动、感受到的责任与爱,是他们人生中宝贵的财富。

案例解读

　　真正的劳动教育是心的教育，做了什么固然重要，为什么要做，事情的价值在哪里，这两个问题比前者更重要。支教团连续十一年赴新疆支教，不仅帮助民族地区的孩子们解决了生活、求学的实际困难，更播种了爱的希望，帮助那里的孩子们健康成长。志愿团队的辛勤付出，收获的是成长、是希望，这正是"奉献、友爱、互助、进步"的志愿精神的体现。

参考文献

[1] 威廉·配第. 赋税论 献给英明人士 货币略论[M]. 陈冬野,等,译. 北京：商务印书馆,1978.

[2] 亚当·斯密. 国民财富的性质和原因的研究[M]. 郭大力,王亚南,译. 北京：商务印书馆,1972.

[3] 马克思,恩格斯. 马克思恩格斯全集[M]. 中共中央马克思恩格斯列宁斯大林著作编译局,译. 北京：人民出版社,1972.

[4] 马克思,恩格斯. 马克思恩格斯文集[M]. 中共中央马克思恩格斯列宁斯大林著作编译局,译. 北京：人民出版社,2009.

[5] 刘向兵. 新时代高校劳动教育论纲[M]. 北京：社会科学文献出版社,2019.

[6] 陈国维. 大学生劳动教育[M]. 北京：高等教育出版社,2020.

[7] 周德昌. 简明教育辞典[M]. 广州：广东高等教育出版社,1992.

[8] 韩剑颖. 大学生劳动教育教程[M]. 北京：清华大学出版社,2021.

[9] 柳友荣. 劳动教育（职教版）[M]. 合肥：安徽教育出版社,2021.

[10] 教育部职业技术教育中心研究所. 劳动教育读本（高职版）[M]. 北京：高等教育出版社,2021.

[11] 潘维琴,王忠诚. 劳动教育与实践[M]. 北京：机械工业出版社,2021.

[12] 马克思.《资本论》[M]. 郭大力,王亚南,译. 上海：上海三联书店,2009.

[13] 张立鹏. 马克思人的全面发展理论及其在当代中国实现条件研究[D]. 苏州：苏州大学,2014.

[14] 陆怡青. 高职院校劳动教育的内涵、特征及意义[J]. 产业与科技论坛,2021,20

（21）：93-94.

［15］周娟.高职思政课培育学生劳动素养的思考［J］.成才之路，2021，（29）：6-8.

［16］牛嘉琦，张伟波，杨蕾.大学生体质健康状况分析及改善策略［J］.文体用品与科技，2021，（21）：85-86.

［17］孙亮洁.论劳动如何促进人的自由而全面发展——基于马克思主义经典著作视角［J］.新经济，2021，（10）：26-30.

［18］习近平.在知识分子、劳动模范、青年代表座谈会上的讲话［N］.人民日报，2016-04-30.

［19］习近平.在同全国劳动模范代表座谈时的讲话［N］.人民日报，2013-04-29.

［20］习近平.在庆祝"五一"国际劳动节暨表彰全国劳动模范和先进工作者大会上的讲话［N］.人民日报，2015-04-29.

郑重声明

高等教育出版社依法对本书享有专有出版权。任何未经许可的复制、销售行为均违反《中华人民共和国著作权法》，其行为人将承担相应的民事责任和行政责任；构成犯罪的，将被依法追究刑事责任。为了维护市场秩序，保护读者的合法权益，避免读者误用盗版书造成不良后果，我社将配合行政执法部门和司法机关对违法犯罪的单位和个人进行严厉打击。社会各界人士如发现上述侵权行为，希望及时举报，本社将奖励举报有功人员。

反盗版举报电话　（010）58581999　58582371　58582488
反盗版举报传真　（010）82086060
反盗版举报邮箱　dd@hep.com.cn
通信地址　北京市西城区德外大街 4 号
　　　　　高等教育出版社法律事务与版权管理部
邮政编码　100120

防伪查询说明

用户购书后刮开封底防伪涂层，利用手机微信等软件扫描二维码，会跳转至防伪查询网页，获得所购图书详细信息。也可将防伪二维码下的 20 位密码按从左到右、从上到下的顺序发送短信至 106695881280，免费查询所购图书真伪。

反盗版短信举报

编辑短信"JB,图书名称,出版社,购买地点"发送至 10669588128

防伪客服电话

（010）58582300

资源服务提示

授课教师如需获得本书配套教学资源，请登录"高等教育出版社产品信息检索系统"（http://xuanshu.hep.com.cn/）搜索本书并下载资源，首次使用本系统的用户，请先注册并进行教师资格认证。

联系我们

高教社高职劳动教育交流研讨 QQ 群：813371686